NOTIONS HISTORIQUES

SUR LE

FINISTÈRE

PAR

S.-A. NONUS

Inspecteur primaire, Officier d'Académie.

I. — L'ARMORIQUE AVANT LA CONQUÊTE ROMAINE.

Origines celtes. — Le pays auquel on a donné depuis le nom de Bretagne faisait partie de la *Gaule trans-alpine*. Selon l'opinion la plus vraisemblable, il était habité, dans les temps les plus reculés, par un mélange de Celtes et de Kymris, que l'on désigne aussi sous le nom de *Gaulois armoricains*.

Portrait des Celtes ou Gaulois. — Les Gaulois étaient grands et blonds ; ils avaient la peau blanche, les yeux bleus et vifs, les cheveux longs et flottants sur les épaules ou relevés en touffe au sommet de la tête. Ils étaient vêtus de peaux de bêtes et portaient une grande ceinture de cuir semblable à celle que portaient, il y a peu de temps encore, les paysans de la Cornouaille.

C'était, d'après Strabon, « une race irritable et folle de guerre, prompte à la lutte. » Ils marchaient à l'ennemi en poussant leur formidable cri de guerre : *Torr e ben !*

mots que la langue bretonne a conservés, mais que le français rend bien faiblement par la traduction littérale : *Casse-lui la tête !*

Religion. — Comme tous les Gaulois, les Celtes suivaient la religion druidique. Mais si cette religion, dont il est parlé dans les premières pages de cette histoire, était commune à toute la Gaule, l'Armorique, et surtout les rivages du Finistère, avaient quelque chose de particulier : c'étaient les collèges de *druidesses*, femmes ou filles de druides, ou simples agrégées à la corporation. Elles étaient prêtresses, devineresses ou magiciennes. Leurs principaux collèges occupaient les îles qui environnent l'Armorique : l'île d'Ouessant (l'*Uxantis* des Grecs), l'île de Batz (la *Barsa insula* des Latins), et surtout l'île de Sein (appelée *Sena* par Pomponius).

Le Finistère était donc l'un des principaux foyers du druidisme ; aussi y rencontre-t-on encore un grand nombre de ces pierres brutes, nommées *pierres druidiques, pierres levées, tables du diable, tables des fées,* etc.; ou, selon les noms celtes conservés par la langue bretonne : *dolmen,* table de pierre ; *cromlech,* enceinte circulaire ; *menhir,* pierre longue ; *roulers,* pierre vacillante, etc.

Première division du pays. — L'Armorique (*ar mor,* la mer), était occupée, pour la partie formant aujourd'hui le Finistère, par trois tribus principales : 1° les *Ossimiens,* dont la capitale était *Vorganium* (que l'on croit être Carhaix) ; 2° les *Agnotes,* qui avaient pour capitale *Occismor* (Lesneven) ou *Gésocribate* (Brest) ; 3° les *Corisopites,* qui habitaient *Corisopitum* (Quimper).

Conquête de l'Armorique par les Romains. — Depuis le jour où le Brenn des Gaulois, pesant la rançon de Rome, jetait son épée dans la balance, en s'écriant : « Malheur aux vaincus ! » les Romains avaient résolu l'asservissement de la Gaule. Ils commencèrent par la Gaule cisalpine ; puis vint successivement le tour des Saliens, des Allobroges, des Helvètes... L'Armorique devait succomber la dernière, pour deux raisons : à cause de sa position, et à cause de son organisation. Le druidisme y régnait encore dans toute sa puissance et maintenait l'esprit national. Quant aux difficultés matérielles, elles furent prodigieuses. César dut se faire tour à tour soldat, marin, pionnier, architecte ; il dut créer des navires et des matelots, détourner ou refouler les fleuves ; et, selon une expression pittoresque, « il ne put occuper la terre que par la mer et la mer que par la terre. »

Forces de l'Armorique. — Les Commentaires de César nous font connaître les forces de l'Armorique vers cette époque. Pour la défense commune de la Gaule, elle devait fournir six mille hommes par tribu, en tout trente-six mille hommes. Les levées de la Gaule entière formaient deux cent soixante-six mille hommes ; l'Armorique y figurait donc pour un septième, et encore, nous dit César, on ne fit point marcher tous ceux qui pouvaient porter les armes.

Défaite des Vénètes. — Découragés ou épuisés, les Armoricains se soumirent à la légion commandée par Crassus ; mais à peine César eut-il emmené leurs otages qu'ils jetèrent ses propres officiers dans les fers.

Les chefs audacieux de cette révolution furent les *Vénètes* (Vannes). — Les Vénètes étaient les plus hardis navigateurs de l'Europe, et quand les lourdes galères romaines côtoyaient à peine l'Italie, les navires du Mor-Bihan jetaient des colonies dans la Grande-Bretagne, commerçaient avec Carthage et dépassaient, avant les Phéniciens, les colonnes d'Hercule.

L'Armorique entière répondit au soulèvement des Vénètes ; elle se leva en masse et l'île de Bretagne lui envoya des secours.

César s'apprêtait à passer en Illyrie ; mais, informé de ce mouvement par Crassus, il s'arrête, fait construire une flotte sur la Loire et vient en personne se mesurer avec ce peuple. La lutte fut terrible : malgré leur courage, trahis par le sort et par la ruse, les Vénètes furent vaincus. L'inexorable proconsul fit décapiter les sénateurs de *Dariorigum*, principale ville des

Venètes (Vannes ou Locmariaquer), et le reste de la population, ceux que les combats avaient épargnés, furent vendus et dispersés dans l'esclavage. César était maître de l'Armorique.

II. — L'ARMORIQUE APRÈS LA CONQUÊTE ROMAINE.

L'Armorique sous les Romains. — Aussi bons administrateurs qu'habiles guerriers, les Romains donnèrent à la Gaule une organisation nouvelle : ils y fondèrent des villes, y établirent des routes, y introduisirent la langue et la civilisation romaines. Cependant, « tandis que la langue latine tuai partout la langue gauloise, phénomène qui ne peut s'expliquer que par l'esclavage, cette langue des vainqueurs fut repoussée par l'Armorique, dont le peuple, apparemment, sut maintenir sa liberté ». (de Sismondi.)

La péninsule armoricaine, avec la Touraine, le Maine et l'Anjou, fut comprise dans la troisième Lyonnaise, mais dans sa partie la plus reculée, dans celle que l'on appelle la Basse-Bretagne (le Finistère, le Morbihan, et une partie des Côtes-du-Nord), l'Armorique ne subit sans doute, de la domination romaine, (notamment du deuxième au quatrième siècles), « que des stations capitales et principalement militaires », comme celles de Vannes, de Morlaix, de Léon, de Carhaix, de Loc-Maria, près Quimper, de Douarnenez, de la Pointe-du-Raz, de Roscoff, de Landerneau, etc. ; « des tributs plus ou moins fidèlement payés par les chefs », et l'établissement des voies romaines, dont il reste encore des traces. « Comprimés passagèrement, mais non supprimés par la conquête armée et par la dépendance politique, la vieille langue, les mœurs féodales, les liens de confédération de cette portion du pays, furent sauvés par la mer, par la rigueur du climat, par des révoltes continuelles, par le peu de fertilité du sol (le Léon excepté), par la ténacité proverbiale de la population. »

Les Armoricains subissaient à contre-cœur le joug des Romains et cherchaient à s'en affranchir en s'associant à toutes les révoltes, en résistant aux empiètements des gouverneurs romains, en repoussant les légionnaires et les censiteurs impériaux. Ils furent aidés en cela par les Bretons insulaires et par les invasions des peuples germaniques.

Bretons insulaires. — La partie de l'île de Bretagne, opposée à la Gaule, fut peuplée par des *Britanni*, tribus armoricaines qui donnèrent sans doute leur nom à l'île entière. « D'autres tribus, sorties du pays des Vénètes, allèrent aussi s'y établir et, réciproquement, des Bretons insulaires passèrent, vers l'an 284 après J.-C., dans l'Armorique, où l'empereur Constance Chlore leur assigna des terres chez les Vénètes et les Curiosolites. Une seconde émigration eut lieu en 364 ; puis, vingt ans après, la grande émigration qui commença la colonisation de l'Armorique. »

Le monde romain était partagé entre Gratien, Valentinien et Théodose. — Maxime, qui commandait l'île de Bretagne, au nom de l'empereur Gratien, se révolta avec les légions qu'il commandait et qui l'investirent de la pourpre. La noblesse et la jeunesse bretonnes se rangèrent sous son étendard. La plus grande partie de ces auxiliaires était commandée par *Conan Mériadek*, chef des montagnes de l'Albanie. La double armée prit terre aux environs d'*Occismor*, selon la plupart des historiens ; à l'embouchure de la Rance, suivant quelques autres. Les légions romaines furent battues ; Maxime distribua des terres aux compagnons de Conan et, toujours suivi de ce dernier, il marcha à la rencontre de Gratien, qu'il vainquit sous les murs de Lutèce (Paris). Alors, les deux chefs se séparèrent ; Maxime courut à Lyon arracher la couronne et la vie à son rival ; le second revint en Armorique établir sa colonie bretonne Il gouverna d'abord sa conquête sous la dépendance de Maxime et comme duc des frontières armoricaines ; mais, à la mort de cet empereur (398), l'Empire, démembré, abandonnant les provinces aux invasions barbares (402), l'Armorique rentra dans sa nationalité (409) ; et ce fut en vain qu'en 416, le préfet Exupérantius tenta d'y rétablir la domination romaine. Il ne put conclure qu'un traité d'alliance (419), et c'est à ce titre d'alliés que les Armoricains se joignirent aux armées romaines pour combattre les Huns.

Les Bretons insulaires furent moins heureux : le joug romain continua de peser sur eux, comme sur la Gaule, jusqu'au triomphe des Barbares. Attaqués d'abord par les Saxons, puis par les Angles, et après des prodiges de valeur et une longue résistance, les Bretons s'enfuirent dans le pays de Galles ou s'embarquèrent pour les côtes de l'Armorique, d'où étaient jadis partis leurs ancêtres, et où, réunis aux Celtes purs comme eux-mêmes, ils achevèrent de détruire l'élément romain.

« Ainsi, chassée de la Bretagne par les Barbares, la nationalité celtique se réfugiait au pays armoricain. Le nom même de Bretagne revint de l'île à la péninsule avec les émigrés ; la Grande-Bretagne allait devenir l'Angleterre, et la petite Bretagne ne devait plus quitter ce nom. »

« Mais notre Bretagne elle-même, dans son affranchissement politique et malgré ce renfort de nationalité qui lui arrivait d'outre-mer, n'avait point retrouvé son ancienne unité de population, de mœurs et de langage ; l'empreinte plus ou moins profonde, laissée par la civilisation et les colonies romaines, commençait à dessiner la haute et la basse Bretagne. »

L'Armorique arriva donc à se diviser en deux parties : 1° la *Haute-Bretagne*, comprenant notamment les villes et les campagnes de Rennes et de Nantes, formées depuis longtemps à la langue et aux coutumes romaines, subissant bientôt les invasions franque et normande et s'ouvrant ensuite à la civilisation française ; 2° la *Basse Bretagne (Breiz-Izel)* ou Bretagne bretonnante, limitée d'abord par la Vilaine, la Rance, la vaste forêt de Brociliande et l'Océan, pour ne plus comprendre enfin que les évêchés de Vannes, de Cornouaille, de Léon et de Tréguier, avec quelques paroisses adjacentes. C'est dans cette partie de la Bretagne que se sont conservés jusqu'à nos jours, à peu d'exceptions près, l'idiome, les usages, les types et les coutumes celtiques.

La Bretagne se divisa successivement en neuf évêchés, dont ceux de Quimper (ou de Cornouaille), de Tréguier, Saint-Pol-de-Léon. Les divisions civiles répondirent aux divisions religieuses. « Par exemple, les comtés de Nantes, de Vannes, de Léon, de Cornouaille, comprenaient les évêchés du même nom. Ces limites seront tellement arrêtées, qu'elles deviendront celles des dialectes de la langue celto-bretonne. »

La partie de la Basse-Bretagne dont le Finistère est formé comprenait deux principautés : le Léon et la Cornouaille, qui, au point de vue des mœurs, des usages et du caractère des habitants, conservent encore une physionomie fort différente.

La religion catholique dans le Finistère. — Le christianisme s'établit dans le Finistère à la même époque que dans le reste de la Bretagne. Les premiers évêques de Léon et de Cornouaille furent *saint Pol* et *saint Corentin*. Sauf quelques communes situées au nord-est de la rivière de Morlaix et à l'est de l'arrondissement de Quimperlé, qui appartenaient aux évêchés de Tréguier et de Vannes, les évêchés de Saint-Pol-de-Léon et de Quimper comprenaient tout le Finistère actuel.

L'établissement de la religion chrétienne rencontra une résistance opiniâtre. Ces populations, fanatisées sans doute par le sombre culte des druides, dures aux changements, « qui avaient repoussé, sans presque en rien conserver, cette puissante civilisation romaine », opposèrent aussi de la résistance à la puissance de la prédication chrétienne. Elles cédèrent, mais ne cédèrent qu'à moitié. Le Breton, même converti, força en quelque sorte « le christianisme vainqueur à transiger avec le druidisme expirant. » La croix s'éleva sur les menhirs ; les fées ou korrigan perpétuèrent le nom de Koridwen et le pouvoir magique de ses prêtresses. » Nous trouverons à chaque pas, en Bretagne, ces antiques vestiges du druidisme. Les dolmens y sont encore habités par mille esprits malfaisants ou favorables : l'eau des fontaines a conservé ses vertus merveilleuses, et le chêne qui l'ombrage, son caractère sacré. Le gui est devenu l'herbe sacrée de la Croix (louzaouen ar groaz); il guérit la fièvre et donne des forces pour la lutte. Les danses et les feux de la Saint-Jean ne sont-ils pas les danses et les feux de l'ancienne fête du soleil? et n'est-ce pas en souvenir de l'adoration des astres que le Bas-Breton salue d'un signe de croix le lever des étoiles? Il est probable que les premiers missionnaires chrétiens (surtout les druides

convertis), n'osant heurter de front des idées qui
avaient tant de siècles d'existence, sanctifièrent les
objets et les cérémonies du vieux culte en les appliquant
au culte nouveau, ou du moins en tolérant cette appli-
cation. Quoi qu'il en soit, les points de l'Armorique
qui résistèrent le plus longtemps au catholicisme furent
le Bas-Léon et les îles occidentales du Finistère actuel.
Plusieurs paroisses y sont encore appelées *Terre des
païens*; et nous verrons, en plein dix-septième siècle,
l'idolâtrie détruite par Michel le Nobletz, à Lochrist et
dans les îles d'Ouessant(1). » Aujourd'hui le département du Finistère (moins la commune de Locunolé)
forme le diocèse de Quimper et de Léon.

III. — L'ARMORIQUE ET LES FRANCS

Le roi Gradlon. — Après la chute de l'empire romain,
la partie de la Bretagne qui est actuellement le Finistère forma deux principautés : 1° le comté ou royaume
de Cornouaille ; 2° le comté de Léon.

L'un des premiers comtes ou rois de la Cornouaille
fut *Gradlon-Mur* ou *Mor* (Gradlon le Grand) (435), beau-
frère de Connan Mériadek, avec lequel il était venu de
l'île de Bretagne. Gradlon fut un roi conquérant : non
seulement il défendit la Bretagne contre une nouvelle
attaque des Romains, mais il établit sa domination jusqu'à Rennes. Il tenait habituellement sa cour à *Kemper-
Odet*, qui devint la capitale de la Cornouaille. Ce roi mourut vers 445 et fut enterré dans le monastère de Landé-
vennec, fondé sous ses auspices par *Guénolé*. Ce fut
aussi lui qui érigea un évêché à Kemper pour le comté
de Cornouaille; il y nomma le moine *Corentin*, qui en
devint le patron, et la ville prit le nom de *Kemper-Co-
rentin*. Le nom de Gradlon est encore attaché à la tra-
gique histoire ou légende de la ville d'*Is*, qui aurait
existé dans la baie de Douarnenez et qui aurait été
submergée avec tous ses habitants.

(1) Voir la notice Michel le Nobletz.

La Bretagne et les Francs. — Les Bretons armoricains, comme les autres peuples de la Gaule, avaient répondu à l'appel d'Aétius et pris part à la bataille des plaines catalauniques, où fut vaincu Attila. Mais, alliés des Francs pour combattre cet ennemi commun, les Bretons les combattirent eux-mêmes lorsque, sous Clovis, ils voulurent ajouter la Bretagne à leurs premières conquêtes. « Quand le roi franck fut reconnu de toute la Gaule, les cités de l'Armorique, dit Henri Martin, accoutumées à une orageuse indépendance, ne voulurent point se soumettre au conquérant; la lutte fut héroïque de part et d'autre et dura près de sept ans. » En 497, Clovis lança contre eux toutes ses forces ; mais cette attaque fut si vigoureusement repoussée, que le roi franck, renonçant à vaincre une nation invincible, prit le parti de traiter avec elle et son chef *Bodic*. Toutefois, Clovis n'observa pas toujours ce traité; et pendant son règne et sous ses faibles successeurs, nous ne voyons, d'un côté, que les invasions des Francs jusqu'au centre du pays breton; de l'autre, les excursions dévastatrices des Bretons dans les parties de la péninsule armoricaine occupée par les Francs.

Au milieu de ces invasions l'indépendance bretonne se conservait « dans le synode des évêques armoricains et dans la terre sacrée de la Cornouaille, dans cette *Domnonée* touffue et dans ce *Lydaw* sauvage, qui, du Raz de Douarnenez aux bords de la Vilaine et du Couesnon, formaient la péninsule armorique proprement dite. »

Le roi Dagobert Ier, après des tentatives infructueuses pour s'emparer de la Bretagne, conclut un traité d'alliance avec le roi *Judicaël* (632). Pépin-le-Bref soumit les Bretons au tribut. Charlemagne compléta son œuvre, mais après avoir mis tout le pays à feu et à sang (799-811); et encore, sa conquête lui paraissait si peu durable, qu'en disposant des provinces de son empire, à sa dernière heure, il n'inscrivit pas la Bretagne dans son testament.

Les Bretons reconstituent leur nationalité. — Louis le Débonnaire réprima un soulèvement des Bretons, commandés par leur roi *Morvan*, comte de Léon et de Cor-

nouaille (818), et reçut la soumission des chefs armori-
cainsdans son camp, sur les bords de l'Ellé. C'est là
aussi qu'il confia le gouvernement de Vannes au chef
breton *Nominoë*, qu'il fit ensuite son lieutenant-général
en Bretagne (826). Il ne se doutait pas que ce petit chef
méditait déjà la délivrance de son pays.

Nominoë resta fidèle au Débonnaire tant qu'il vécut,
mais sa mort le dégagea de son serment. Il laissa les
trois fils du roi des Francs s'exterminer entre eux et se
déclara indépendant (843). Deux ans plus tard, après
une bataille de deux jours, Charles-le-Chauve fut vaincu
dans les plaines marécageuses de *Ballon*, entre l'Oust
et la Vilaine. Cette victoire assura l'indépendance de la
Haute et de la Basse-Bretagne, qui furent réunies sous
le même chef, et la renommée de Nominoë traversa
l'Europe. Ses successeurs, *Érispoë*, son fils aîné, et
Salomon, son neveu, portèrent comme lui le titre de
roi; mais, après eux, le pays retomba dans l'anarchie et
les pirates normands profitèrent de ses divisions intestines.

IV. — L'ARMORIQUE ET LES NORMANDS.

Les Normands en Bretagne. — Au ixe et au
xe siècles, le Finistère, comme le reste de la Bretagne,
fut ravagé par les Normands : villes, châteaux, monas-
tères, églises, rien n'échappa à leur fureur. Cependant,
ils furent battus une première fois à *Questembert*,
(Morbihan), en 888, par *Alain-le-Grand*, qui usa « noble-
ment de son triomphe et de sa puissance, » en répa-
rant les églises. Il vainquit encore les Normands à
Coutances et mourut, en 907, « comblé de gloire et de
mérites. »

Les trente années qui suivirent sa mort furent trente
années de malheurs pour la Bretagne, qui fut, pour
ainsi dire, bouleversée de fond en comble. Le comté de
Nantes fut tellement ravagé par les Normands que
ceux-ci n'y trouvèrent plus de subsistances. Une colonie des compagnons de Rollon s'établit par le meurtre
et l'incendie jusque dans la Cornouaille. Cependant la
population se leva en masse et massacra jusqu'au der-

nier de ses oppresseurs ; mais les Normands revinrent
en si grand nombre par terre et par mer que l'épou-
vante se répandit partout et que chefs, magistrats, seigneurs, allèrent en Angleterre réclamer l'hospitalité
que leurs aïeux avaient jadis trouvée en Armorique.
« Les pauvres Bretons cultivant la terre demeurèrent
sans chefs et sans secours, sous le fer ou la torche des
Normands. » Seul, le comté de Léon ne fut pas
abandonné. « Là régnait le comte *Even*, qui mérita
plus tard le surnom de Grand. Ce vaillant prince, se
souvenant de son aïeul, le comte Morvan, n'offrit que
du fer aux guerriers du Nord. » (M. de Courson).

Abandonné à lui-même, le peuple des campagnes
trouva dans l'excès de ses maux l'énergie nécessaire
pour réagir contre un état de choses intolérable. « Une
explosion populaire donna le signal de la délivrance. »
Alain Barbe-Torte, fils d'un comte de Poher et d'une fille
d'Alain-le-Grand, qui avait suivi sa famille en Angleterre, répondit à l'appel des insurgés et passa la mer
avec quelques troupes. Il battit successivement les
Normands à *Dol* et à *Saint-Brieuc*, leur reprit la ville
de Nantes, et la Bretagne recouvra encore une fois son
indépendance.

Quel a été le rôle des comtes de Léon et de Cornouaille dans les événements de cette longue période ?
Il serait difficile de le préciser, et sous les successeurs
d'Alain Barbe-Torte, l'histoire de ces comtés se con-
fond de plus en plus avec celle du duché de Bretagne,
dont ils devinrent bientôt de simples fiefs. Le comté de
Cornouaille fut réuni au duché par le mariage d'*Hoël*,
son comte, avec la fille du duc *Alain III*, sœur et héritière du duc Alain II. La réunion du comté de Léon
n'eut lieu que sous *Jean Ier*, dit le Roux, qui l'acheta
pièce à pièce à ses derniers et prodigues possesseurs.

La bravoure bretonne. — Un des traits distinctifs du
caractère breton, c'est la bravoure. L'histoire nous en
fître de nombreux exemples. Nous ne pouvons résister
u désir de citer celui que nous donne le comte de
Rennes.

« C'était pendant la guerre de 869 contre les Normands de la Loire. On vantait avec terreur dans le

camp breton la force et le courage des Barbares du
Nord. Ces propos échauffèrent les oreilles de *Gurwan*,
qui s'écria : « Je prouverai aux Normands qu'un Breton suffit pour les affronter tous ! Qu'ils viennent à
moi, quand le roi Salomon (1) sera parti ; seul avec mes
gens, j'attendrai trois jours leur armée. » La paix se
conclut... Salomon va s'éloigner avec ses troupes...
Mais voici venir un envoyé d'Hasting, le terrible roi de
mer : « Mon maître a su, dit-il, qu'un de tes chefs s'est
vanté d'attendre, seul avec ses gens, toute son armée ;
il le prie de rester ici demain pour exécuter sa parole.
— Je l'exécuterai, répond Gurwan ; tu peux en assurer
ton maître. — Demain donc, seigneur, Hasting fera
votre connaissance. » — En vain Salomon somme et
supplie son cousin d'éviter une mort certaine. En vain
il lui propose un renfort à joindre à sa troupe. Le
comte de Rennes refuse tout et menace le roi de l'abandonner s'il ne le laisse tenir son défi. Salomon cède et
se retire ; Gurwan reste avec deux cents hommes devant l'armée normande. Eh bien ! chose inouïe ! Les
Normands ne furent pas moins héroïques que les Bretons !... Se voyant soixante contre un, ils n'osèrent
massacrer ces braves. Gurwan les attendit cinq jours
inutilement. Le sixième jour, arrive un prisonnier des
Barbares : « Le roi de mer défie le comte de Rennes
de venir au-devant de lui, seul, jusqu'au gué qui touche
à son camp ; il l'y rejoindra le lendemain matin à neuf
heures. » C'était plus que n'avait promis Gurwan.
Qu'importe ? Il se fait armer de pied en cap ; dit adieu à
ses soldats et se rend d'un pas ferme au lieu marqué.
Il attend une heure... deux heures... Point d'Hasting.
Alors Gurwan se jette à l'eau et traverse le gué... Le
voilà seul, à cent pas des Normands, pris entre la rivière et l'armée, appuyé sur son épée nue. Il reste là
jusqu'à midi. Enfin des cris d'admiration partent du
camp. Le roi de mer envoie dire au comte de Rennes
qu'il n'a pas son pareil... Et Gurwan s'en retourne
« couvert de gloire. » Depuis ce jour sa présence seule
valait une armée, et les Bretons n'avaient plus peur

_____

(1) Neveu de Nominoë ; il mourut le 25 juin, 874

des Normands. » (Pitre-Chevalier; *La Bretagne ancienne et moderne*).

Les plus beaux jours de la chevalerie nous offriront-
ils rien de pareil ?

Relations des Bretons et des Normands. — En cédant
la Neustrie à Rollon par le traité de Saint-Clair-sur-
Epte (912), Charles-le-Simple lui donna en même
temps la suzeraineté de la Bretagne, ou, selon quelques
historiens, la suzeraineté sur les terres que les rois
bretons avaient conquises et s'étaient fait con-
céder dans les pays d'Avranches et de Coutances,
et pour lesquelles, ainsi que pour certaines portions
des comtés de Rennes et de Nantes, également conquises, ils rendaient l'hommage simple aux rois francs.
Cet hommage pour « ces terres bretonnes, » les ducs de
Normandie prétendent l'étendre à toute la Bretagne :
mais les Bretons s'y refusent et ils ne reconnaitront
jamais complètement l'autorité normande. Cependant,
des relations suivies se maintinrent entre ces deux
peuples. *Alain V*, duc de Bretagne, fut le tuteur du
jeune duc Guillaume-le-Bâtard, et 5000 Bretons, parmi
lesquels le comte de Léon, accompagnèrent ce dernier
dans sa conquête de l'Angleterre. L'un deux, *Alain Fer-
gent* (Alain le Roux), de la maison de Penthièvre,
reçut pour sa part de conquête le comté de Richemont,
« qui comprenait quatre cent quarante-deux fiefs. »

Devenus rois d'Angleterre, les ducs normands maintinrent leurs droits sur la Bretagne, et, par le traité de
Gisors (1113), Louis le Gros, roi de France, reconnut
la suzeraineté du roi Henri d'Angleterre, comme duc
de Normandie, « non plus seulement sur une portion
de la Bretagne, mais sur la Bretagne tout entière. »
Les princes normands furent même placés à la tête de
ce duché; *Geoffroy*, fils de Henri II, fut le premier, et le
second, le malheureux *Arthur*, que Jean-Sans-Terre fit
assassiner à Rouen.

Ce meurtre rapprocha la Bretagne de la France, et le
duché passa par mariage entre les mains de *Pierre de
Dreux*, prince français, qui épousa *Alix de Bretagne*
(1213). — Les Bretons soutinrent Philippe-Auguste

dans sa lutte contre l'Angleterre et prirent une part glorieuse à la bataille de Bouvines (1214).

V. — LA FÉODALITÉ

Nous ne parlerons pas ici de la féodalité en général, nous ne donnerons qu'un résumé des institutions et des mœurs particulières à la Bretagne ou plutôt au Finistère.

1° **Principales maisons féodales.** — Les principales maisons féodales étaient au onzième siècle : les maisons de *Poher*, de *Rennes*, de *Cornouaille*, « qui montèrent successivement sur le trône » ; de *Penthièvre*; de *Porrhoët*, qui a donné les Rohan, les Soubise ; de *Rieux*, qui tenait « une cour considérable » au château de ce nom, où résidait Alain-le-Grand ; de *Léon*, « liste de comtes souverains où figure le beau nom du prince *Even*, cet invincible fléau des Normands, créateur de la ville de Lesneven », de *la Roche-Bernard*, de *Chateaubriand* ; de *Tinténiac* ; dans la Cornouaille, les seigneurs de *Mur*, etc., etc.

2° **Division de la noblesse bretonne en trois ordres.** — A cette époque, la noblesse bretonne se divisait en trois ordres : 1° le duc et les derniers comtes souverains ; 2° les vicomtes et autres seigneurs, appelés depuis hauts barons ; 3° les vicaires, les prévôts, les chevaliers et les écuyers.

Les comtes, même après le démembrement de leurs souverainetés, se bornaient à faire hommage au duc en certains cas et à lui fournir une troupe de chevaliers ; ils avaient leur cour, leurs officiers, leurs vassaux.

Les vicaires, baillis, prévôts, voyers, commandaient et jugeaient dans la ville. Les jugements étaient plus spécialement rendus par les vicaires ; les prévôts les faisaient exécuter.

Un acte de l'abbaye de Quimperlé nous explique comme suit les devoirs du voyer : « Le voyer doit par an trois licous pour les chevaux, deux creusets de fer, des cordes pour la fenêtre de l'abbé et pour la cloche du réfectoire, des sacs pour recueillir la dîme, un repas au mois de janvier à l'abbé et à sa communauté. Il est obligé de prêter de l'argent à l'abbé et au cellerier lorsqu'ils en auront besoin. C'est à lui de faire les saisies prescrites par l'abbé ; et quand elles sont faites, il les doit remettre entre les mains du voyer au comte. S'il veut se dispenser de servir, il présentera à l'abbé une personne pour servir à sa place ; si l'abbé ne l'agrée pas, il pourra en présenter jusqu'à cinq autres ; après quoi, si aucun n'est agréable à l'abbé, le voyer héréditaire sera obligé de servir en personne. Lorsqu'il servira, il aura sa portion au réfectoire, comme les moines et à même heure qu'eux. »

3° **Rois et Ducs.** — « Le principe fondamental de la Constitution bretonne fut toujours celui-ci : le roi ou le duc ne pouvait toucher à aucun intérêt public sans l'avis et le consentement des seigneurs du pays. » — « Les ducs de Bretagne avaient deux sortes de conseils, l'un particulier, libre et d'institution ducale ; l'autre public, essentiel, nécessaire. Ainsi, il faut attacher deux significations distinctes au mot parlement. La première doit s'entendre d'une réunion de conseillers du prince, qui, après la tenue des Etats, siégeaient encore, traitaient des affaires trop peu importantes pour être soumises au parlement général. L'autre doit s'appliquer à l'assemblée générale du pays, où étaient débattues les grandes questions d'intérêt public. » (M. de Courson.) — Cette assemblée, origine des Etats de Bretagne, se composait de neuf prélats et de neuf barons, des bannerets, des chevaliers et des écuyers du pays.

Les ducs octroyaient la noblesse aux roturiers, soit à vie, soit pour leur postérité. « On ne pouvait changer de noms ni prendre des armoiries sans l'aveu du duc. »

Les cours plénières se tenaient aux grandes fêtes, à Noël, à Pâques et à la Pentecôte. D'après le cartulaire de Quimperlé, *Hoël*, comte de Cornouaille, tint sa cour avec ses barons dans la ville d'Auray, en 1082. « On était invité par ban longtemps d'avance : l'affluence était souvent prodigieuse. » La cour demeurait assemblée pendant plusieurs jours, « qui se passaient en banquets, en joutes, en divertissements de tous genres, et elle ne se séparait jamais sans avoir été comblée des largesses du prince. »

4° **Charges des officiers de la cour.** — Au temps du roi Salomon, ces charges étaient les privilèges des évêques, des abbés, des comtes. Sous les premiers ducs de Bretagne, les officiers de la cour furent le sénéchal, le chancelier, les voyers, les baillis, les panetiers, les échansons, les veneurs, et, mentionnés dans les actes du douzième siècle, le connétable, le chambellan et le forestier. « Les forestiers, — charge éminente, — fournissaient au duc en cour plénière, des tasses et des écuelles. Ils avaient droit d'herbage et de pâturage, de bois mort, de cocage, de fanage, etc. »

Les fonctions du grand veneur nous donneront un idée des chasses des rois bretons : « Depuis Noël jusqu'au mois de février, le veneur sera toujours au ordres du prince. La première semaine de février passée, il ira chasser les biches avec ses chiens et ses laisses ; ses cors sonneront au moment du départ. La chasse durera jusqu'à la Saint-Jean d'été ; dans ce' intervalle, personne n'aura le droit de le citer en jugement, excepté les autres officiers du palais.

« Le lendemain de la Saint-Jean d'été, il ira chasser le cerf ; ce jour-là, s'il n'a pas reçu une assignation avant d'être levé et d'avoir mis ses guêtres, il aura le droit de ne pas comparoir.

« Aux ides de novembre, il ira chasser le sanglier, qu'on peut chasser jusqu'aux calendes de décembre. A cette époque, il fera trois parts des peaux des animau tués dans l'année ; les deux premières appartiendron aux chasseurs et la troisième au prince (1). » — « Pui il montrera au prince ses chiens, ses laisses et s cors, et ira habiter chez les fermiers royaux, qui l nourriront, lui et ses piqueurs, jusqu'à Noël, où il reviendra à la cour pour jouir des dignités et privilèges attachés à son rang. »

_____

(1) Lois d'Hoël.

5º Droits des seigneurs. — Nous ne rappellerons pas ici tous les droits des seigneurs féodaux : droit de justice, taille, rançon de guerre, corvée, et autres droits communs à toute la féodalité, et que l'on trouve dans l'histoire de France ; nous ne citerons que quelques droits particuliers au Finistère.

1º *Droits de Bris* — « Le droit de bris donnait au seigneur toutes les épaves de la mer, tous les débris que la tempête jetait sur le rivage. Cet usage barbare était devenu plus général que jamais en Bretagne au moment des invasions normandes. Alors non seulement les Bretons invoquaient et remerciaient le naufrage, mais encore ils le provoquaient par des maléfices et des stratagèmes. Le droit de bris était organisé dès le dixième siècle. Le roi *Hoël II*, en mariant sa fille Aliénor au comte de Léon, céda à celui-ci le droit de délivrer des brefs de sauvetage en sa terre et le droit de bris. Les comtes de Léon en tirèrent de si grands profits, que l'un disait « agréablement » avoir une pierre plus précieuse que tous les diamants de toutes les couronnes : c'était un rocher de ses vastes côtes, célèbre par les naufrages qu'il causait. En vain le concile de Nantes, en 1187, frappa le droit de bris d'excommunication ; en vain quelques ducs y renoncèrent en sommant les barons de les imiter : rien ne put déraciner chez nos aïeux ce vieil usage celtique. Aussi, les côtes de Bretagne inspiraient une telle frayeur à tous les marins de l'Europe que, non contents de se faire piloter chèrement sur ces formidables côtes par les indigènes munis d'un brevet *ad hoc*, ils se soumirent encore à payer d'avance le droit de se racheter en cas de sinistre. C'était ce qu'on nommait les brefs ou briefs de sauvetage. » (Pitre-Chevalier). — Mais les lois de ce temps, comme les lois subséquentes, n'avaient pu détruire complètement cet usage de bris. Il y a quelques années, Pitre-Chevalier. nous montrait encore les habitants de plusieurs communes du Léon pillant les navires à la côte en faisant des neuvaines à Saint-Jean-du-Doigt, pour obtenir du ciel de bons naufrages. Le 19 juillet 1817, le commissaire des classes au quartier de Quimper s'élevait contre les pillages affreux qui s'exercent sur les bâtiments naufragés, par les habitants des communes littorales et notamment contre « ceux qui se sont exercés sur le naufrage du navire suédois la *Jeanne-Caroline*, survenu le 5 mars 1816, à la côte de Tréogat, et sur celui du navire français la *Minerve*, arrivé le 5 juin dernier (1817), à la côte de Plovan. «

2° Voici d'autres usages assez curieux pour être cités. Les comtes de Crozon avaient le droit, à compter du 2 janvier jusqu'en mars, de choisir un jour, en l'indiquant une semaine d'avance. et d'aller, accompagnés de six gentilshommes, de six domestiques, de six braques, de six lévriers, de six faucons, chasser sur les terres de Lezuran, près de Daoulas. Le jour de son arrivée, le comte devait être logé, nourri, couché, chauffé de bois sec et non fumant, ainsi que sa nombreuse compagnie; il avait à diner le lendemain. Si, pendant sa chasse, le seigneur de Crozon trouvait quelques gentilshommes, il pouvait les mener à Lezuran, en jurant que, sans vol ou fraude, il les avait rencontrés par hasard. Ce droit fut converti en une rente de soixante-six livres par année. »

Le comte d'Estaing, qui épousa la dernière héritière de Crozon, exerçait, du chef de sa femme, cet autre droit bizarre : « La première fois qu'il conduisait la comtesse à sa terre, un gentilhomme, devant la porte duquel il passait, montait, armé de pied en cap, la lance au poing, à la botte de son carrosse, attelé de six chevaux. Si, pendant que cet écuyer conduisait la comtesse à son appartement, les chevaux salissaient la cour de quelque ordure, tout l'équipage, chevaux, voitures, livrées, tout appartenait au gentilhomme : il remontait dans le carrosse et se faisait conduire chez lui. »

6° **Le clergé.** — A l'époque qui nous occupe, le clergé avait en Bretagne une grande influence et une grande autorité. Il fut longtemps le premier corps de l'État. « Armés des mêmes droits que les barons, conseillers prépondérants des princes, et souvent plus puissants que les princes eux-mêmes, les évêques du onzième siècle avaient leur cour, leur tribunal, leur bannière et leur armée. » L'évêque était juge suprême et à peu près maitre absolu dans sa ville. A Quimper, il ne s'y « faisait autre exercice de justice » que la sienne, « et celle du roi s'exerçait hors de la ville, en la terre au duc, et même les exécutions criminelles se faisaient aux patibulaires, sur la montagne de Frugy, ou la place Saint-Mathieu. » (Chanoine Moreau.) — La régale ou justice de l'évêque était complètement indépendante de la justice ducale. Ses droits d'amende, de ban, de crédit, etc., n'avaient point de bornes. Plusieurs évêques interdisaient au duc de battre monnaie dans leur ville.

Le sacre de l'évêque n'était pas moins solennel que le couronnement des ducs. Voici comment les auteurs de la grande histoire de Bretagne retracent les honneurs que l'on rendait aux évêques de Cornouaille à leur entrée dans la ville épiscopale : « Le nouvel évêque allait coucher la veille de son entrée au prieuré de Locmaria. Pour accueil, la prieure s'emparait de son manteau et de ses gants, de son bonnet et de sa bourse, et lui donnait seulement un lit. Le prélat montait le lendemain à cheval, passait le pont et se rendait à la porte de la ville où le clergé l'attendait. Le sire de Guengat lui aidait à descendre de cheval. Pour ce service, il avait le cheval et les bottes. Le seigneur du Vieux-Châtel lui présentait un bâton blanc et le prélat lui donnait son manteau. Revêtu de ses habits pontificaux, le prélat se mettait dans une chaire qui était portée par le vicomte du Faou et par les seigneurs de Névet, de Plœuc et de Guengat. Enfin, il faisait serment au chapitre et à la ville de maintenir leurs privilèges. »

Le cérémonial était à peu près le même pour les évêques de Léon. En voici un exemple : En 1422, lors de l'entrée de Philippe de Coetkis dans son évêché de Saint-Pol, le sire de Kermavan tint la bride du cheval. Le chapeau bas, il soutint l'étrier pour aider l'évêque à descendre. Quand l'évêque fut assis, le même gentilhomme lui ôta les bottes, les éperons, se saisit de son chapeau, de son manteau et garda le tout selon l'usage. Quelques moments après, l'évêque fit appeler le sire de Kermavan, Alain, sire de Coëtivy, et Guyomard, sire de Kervern, et leur dit : Qu'à eux, comme vassaux de son église et nobles chevaliers, appartenait l'honneur de porter trois des poteaux de sa chaire à son entrée dans la ville épiscopale. Ils répondirent qu'ils étaient prêts à obéir. Plusieurs seigneurs se disputèrent le quatrième

poteau. La querelle parut assez grave, assez importante. L'évêque n'osa se prononcer. Il fit occuper cette
place mais provisoirement, par Henri, sire du Châtel. »
(Catalogue des évêques de Léon.)

VI. — DE 1341 A LA RÉUNION DE LA BRETAGNE A LA FRANCE

Guerre de la succession de Bretagne. — A la mort de
Jean III (1341), dit le *Bon Duc*, la Bretagne fut dis-
putée par *Jean de Montfort*, son frère, soutenu par
l'Angleterre, et *Charles de Blois*, époux de sa nièce,
Jeanne la Boiteuse, soutenu par la France. Le Finistère,
qui avait embrassé le parti de Montfort, fut cruellement
ravagé par Charles de Blois. Beaucoup de villes, entre
autres Carhaix, Quimper, furent pillées, saccagées, et
leurs habitants massacrés. Un seul fait suffira pour
donner une idée des scènes de carnage qui se sont
passées à cette époque.

Entourée de hautes murailles par Pierre de Dreux, la
ville de Quimper avait une grande importance militaire.
L'évêque avait entraîné les habitants dans le parti de
Montfort, et la place était défendue par des chevaliers
bretons, des chevaliers anglais, et par des seigneurs
français, envoyés par Philippe de Valois pour combattre
Montfort; ils s'étaient laissé séduire et s'étaient rangés
de son côté. Charles de Blois, arrivé devant Quimper
au mois de mai 1344, ne crut pouvoir s'en rendre maître
que par un assaut.

Après un combat long et acharné, les assiégeants es-
caladèrent les murailles et passèrent au fil de l'épée
tout ce qui se rencontra. Telle était la fureur du soldat,
qu'il fallut, pour arrêter le carnage, que ses chefs arrê-
tassent ses regards sur le spectacle affreux d'une mère
qui venait d'être massacrée tenant encore son enfant
suspendu à sa mamelle.

« Les historiens ont porté à 1.500 le nombre des per-
sonnes tuées dans la ville. Les cimetières ne suffisant
pas à la sépulture de tant de morts, de grandes fosses,
dit le chanoine Moreau, furent creusées sur la partie de

la place Saint-Corentin qu'on nommait la *Tour du Chastel*, et les cadavres y furent jetés par monceaux. De là, suivant l'historien de la Ligue, date l'usage de faire la procession autour de cette place le jour de la commémoration des morts. Les Français pris dans la place furent remis à Philippe de Valois et punis comme des traitres. » (A. de Blois.)

Le 11 août 1345, Montfort tenta inutilement l'assaut de Quimper. Soit fatigues occasionnées par ce siège, soit chagrin de son échec, il tomba malade en quittant cette ville et mourut quelques jours après à Hennebont.

La ville de Quimper resta au pouvoir de Charles de Blois pendant les vingt années que dura encore sa lutte contre le fils du comte de Montfort. Mais Charles vaincu et ayant trouvé la mort à la bataille d'*Auray*, le jeune vainqueur vint mettre le siège devant Quimper au mois de novembre 1364. « Les députés du roi de France, qui jugeait lui-même le triomphe du comte de Montfort désormais assuré, vinrent le joindre lorsqu'il était occupé à ce siège pour traiter de la pacification du pays; mais ce prince qui ne voulait pas entamer de négociations avant l'arrivée des ambassadeurs du roi d'Angleterre, son allié, les invita à l'aller attendre à Guérande et commença l'attaque.

« L'évêque, les habitants et les seigneurs qui formaient la garnison, tinrent conseil, et reconnaissant que toute tentative pour soutenir la cause du fils de Charles de Blois était désormais inutile, ils se décidèrent à capituler. » (A. de Blois.)

Le traité de *Guérande* (1365), termina cette guerre en faveur de Montfort.

Réunion de la Bretagne à la France. — Depuis le traité de Guérande jusqu'à la mort de *François II* (1488), la Bretagne fut souvent agitée par des luttes intestines et par les entreprises des rois de France pour s'emparer de cette province.

A la mort de François II, la Bretagne devint l'apanage de la duchesse *Anne*, sa fille, qui la porta en dot à Charles VIII (6 décembre 1491); mais le contrat de mariage réservait expressément ses droits et privilèges provinciaux.

Après la mort de Charles VIII, sa veuve épousa son cousin et successeur Louis XII, avec les mêmes réserves en ce qui concernait l'indépendance de la Bretagne.

La reine Anne mourut à Blois le 9 janvier 1514, à l'âge de 37 ans. Il ne lui restait aucun des trois fils qu'elle avait eus de son mariage avec Charles VIII. De son mariage avec Louis XII, elle n'eut que deux filles, Claude et Renée de France (1). Le 8 août 1514, Claude épousa le duc d'Angoulême, qui devint, l'année suivante, roi de France sous le nom de François Ier.

C'est ainsi que, pour la troisième fois, la Bretagne fut réunie à la France ; mais le roi ne l'administra d'abord qu'au nom de la reine, avec l'agrément des États. La réunion définitive du duché au royaume fut demandée par ces États eux-mêmes réunis à Vannes en 1532. La majorité, gagnée par les émissaires du roi, supplia François Ier : « 1° de permettre que le Dauphin, alors en Bretagne, fît son entrée solennelle dans la capitale comme duc et seigneur ; 2° de se réserver à lui-même l'usufruit et l'administration du pays ; 3° de prononcer l'union perpétuelle du duché à la couronne de France, en maintenant les droits, libertés et privilèges de la province, et en faisant jurer au Dauphin de les maintenir ; 4° de défendre à tous ceux qui se prétendaient issus des anciens ducs de Bretagne, par les femmes, d'en porter le nom et les armes ; 5° enfin, d'ordonner aux bâtards de barrer leur écusson. Le roi répondit affirmativement sur tous les points, et déclara le duché de Bretagne uni pour jamais à la couronne de France. Les lettres patentes en furent datées de Nantes, le même mois, publiées au parlement de Paris le 21 septembre, et au conseil de Bretagne le 8 décembre suivant. Le dauphin François avait fait son entrée solennelle et reçu la couronne et l'épée à Rennes, le 12 août, avec tous les serments et toutes les cérémonies accoutumées. » (Pitre-Chevalier.)

Le jeune dauphin François étant mort à Lyon (1536), son frère, depuis Henri II, hérita des titres de dauphin

---

(1) Renée épousa le duc de Ferrare.

et de duc de Bretagne; et, à son avènement au trône, il consomma la fusion politique de la Bretagne et de la France (1547).

« Il n'y eut plus, dorénavant, qu'un seul roi, dont les Bretons furent les meilleurs sujets, tant qu'on respecta les clauses de l'Union, qu'un seul royaume, dont la Bretagne fut la première province, usages et coutumes réservés, langue et mœurs à part, bien entendu. »

Résumé historique du duché. — Après plusieurs siècles de révolutions, le duché de Bretagne est affranchi et gouverné, en 840, par *Nominoé*, qui a dix-neuf successeurs, jusqu'à *Conan IV*, dont la fille épouse *Guy de Thouars*. Il vient de ce mariage une fille qui épouse *Pierre de Dreux* en 1213; alors commence une nouvelle lignée de treize ducs jusqu'à *Anne*, qui épouse les rois de France Charles VIII et Louis XII. La fille de Louis XII et d'Anne épouse François I⁰ⁿ et la Bretagne est ainsi réunie définitivement à la couronne en 1532. »

VII. — LA LIGUE DANS LE FINISTÈRE

La Ligue et Fontenelle. — La *Réforme* fit peu de progrès dans le Finistère, dont la langue n'était pas connue des prédicateurs protestants; cependant il eut beaucoup à souffrir à l'époque de la Ligue. Les paysans et la petite noblesse se déclarèrent pour les ligueurs, espérant peut-être, à la faveur de ces troubles, reconstituer l'ancienne nationalité bretonne. Un ambitieux, le *duc de Mercœur*, gouverneur de Bretagne, héritier de Charles de Blois, exploita ces tendances afin de s'emparer du duché et de s'y créer une situation indépendante. Sauf la ville de Brest, le pays fit cause commune avec les Ligueurs, et Mercœur appela à son aide un corps de 6.000 Espagnols. Les royalistes demandaient des secours aux Anglais. Cette guerre ne fut qu'une suite de pillages, d'incendies et de massacres. Comme aux plus mauvais jours de la guerre de la succession de Bretagne, « une foule de gentilshommes s'étaient faits brigands sous le nom de ligueurs et ravagaient la Basse-Bretagne à la tête de leurs bandes mercenaires. Le plus terrible de ces brigands fut *Guy Eder de la Fontenelle*, cadet de la maison de Beaumanoir et né à Bothoa, en Cornouaille. Installé dans ce pays, « après mille courses, la Fontenelle en était devenu la terreur et le fléau. » Il se fortifia d'abord dans le château de Granec, entre Collorec et Landeleau, y fut attaqué par les communes voisines, les surprit un jour avec sa bande et massacra près de mille hommes de « cette paysantaille mal aguerrie », et empêcha qu'on leur donnât la sépulture. Les parents qui venaient réclamer leurs morts étaient égorgés eux-mêmes.

La Fontenelle continua ainsi de ravager et de meurtrir « le bonhomme » (le peuple), et il choisit un asile sûr dans l'île Tristan, dont il fortifia l'ancien prieuré avec les pierres des maisons de Douarnenez qu'il fit démolir. « De ce repaire où il entassa richesses sur richesses pendant plusieurs années, il dominait la terre avec ses bandes et la mer avec ses navires ; il s'élançait sur tous les points de la Cornouaille, s'emparait des châteaux, brûlait les villes et les villages, rançonnait les bourgeois et exterminait les paysans. » Son audace était telle qu'il parut plusieurs fois à la cour de Mercœur couvert d'un manteau d'or et que l'on n'osa pas l'arrêter. « Il avait pour lieutenant un cordonnier, nommé Le Boulle, encore plus sanguinaire et plus voleur que lui-même. » Penmarc'h, alors ville très importante, fut incendié ; par trois fois il essaya de s'emparer de Quimper ; mais chacune de ses tentatives fut pour lui un échec. A la première, il fut même fait prisonnier. « Malheureusement l'officier préposé à sa garde se laissa tenter par l'appât d'une bonne rançon et le fit échapper. » (de Blois). — A Pont-Croix, il commet des infamies sans nom. « Le gouverneur et les habitants s'étaient réfugiés en foule dans le clocher de l'église, tour solide et facile à défendre. » Ne pouvant les asphyxier par la fumée des feux qu'il fait allumer et n'ayant aucun canon, il parlemente et leur promet la vie sauve s'ils consentent à capituler. La capitulation est confirmée par serment solennel. Le gouverneur, De La Ville-Rouhault, descend le premier, suivi de sa dame, de quelques-uns de sa suite, du recteur Cosquer, et tous vont saluer Fontenelle. Mais, parjure et perfide, ce dernier commande que le gouverneur, le recteur et quelques autres soient pendus à l'instant; ce qui fut fait. Le reste de ceux qui tombèrent entre ses mains furent tués ou amenés prisonniers à l'île Tristan, « où leur condition fut beaucoup pire encore que s'ils eussent été tués avec les autres ; car les uns moururent misérablement en des cachots infects, comme garderobes et latrines, et après une infinité de tourments qu'on leur faisait tous les jours, tantôt les faisant seoir sur un trépied rouge qui les brûlait jusqu'aux os; tantôt, au cœur de l'hiver et aux plus grandes froidures, les mettant tout nus dans des pipes pleines d'eau gelée. » (Le chanoine Moreau.)

Cependant, l'abjuration de Henri IV détachait de la Ligue une multitude de catholiques et enlevait à Mercœur lui-même des partisans considérables, tels, par exemple, que Lézonnet, gouverneur de Concarneau. Le maréchal d'Aumont, envoyé par le roi pour pacifier la Bretagne, s'empara successivement de Morlaix et de Quimper (1594) et parvint à déloger les Espagnols retranchés dans la presqu'île de Roscanvel, en face de Brest.

Abandonné de ses partisans, Mercœur fit sa soumission. Le traité fut signé le 20 mars 1598. « Henri IV poussa la générosité jusqu'à recevoir en grâce le féroce baron de Fontenelle, lui pardonnant tous ses crimes comme faits de guerre et lui laissant le gouvernement de ce repaire de Douarnenez d'où nul général n'avait pu le débusquer. — Mais, quelques années après, ce misérable, enveloppé dans le complot de Biron, fut condamné à la requête de cette famille de La Ville-Rouhault qu'il avait si horriblement flétrie ; et, malgré les supplications de la dame de Mesarnou, son épouse, il mourut sur la roue, en place de Grève. »

L'Édit de Nantes acheva la pacification de la France ; mais cet édit eut quelques restrictions « et le culte protestant ne fut pas autorisé dans tout le royaume; il demeura interdit, par exemple, dans la cité de Nantes et dans l'évêché de Quimper. »

État de la Cornouaille en 1598. — Avant de quitter

la Bretagne, Henri IV voulut visiter la ville de Rennes.
En traversant les landes qui la séparent de Nantes, et
en voyant partout les horribles traces de la guerre
civile : « Où ces pauvres Bretons prendront-ils l'argent qu'ils m'ont promis? » s'écria-t-il. Et il répondit
aux acclamations des Rennais « en faisant cesser la
levée de quarante mille écus par mois, ordonnée pour
les frais de guerre, et remettant tous les arrérages
d'avant 1597 et en réduisant de moitié l'impôt des bois-
sons. »

Quelle n'eût pas été sa compassion s'il eût pu voir
l'état de désolation de la Cornouaille! « Les soldats, les
brigands, la famine, la peste et les loups » ravageaient
tour à tour cette partie de la Bretagne. « Dans cette
basse Cornouaille, où Moreau avait vu de ses yeux des
bourgeois éclipsant par leur faste les plus grands seigneurs, et des hanaps, des plats et des couverts d'argent doré jusqu'au sein des ménages campagnards, on
ne trouvait plus, en 1598, que villes brûlées, châteaux
abattus, villages en cendres, récoltes écrasées ou terres
en friche. Telle était la terreur des bandits, que des
populations entières se réunissaient pour moissonner
un champ : les uns gardant les talus avec des épieux,
des faux ou même des lances et des arquebuses, les
autres coupant le sarrasin à moitié mûr, ou relevant un
reste d'épis broyés contre le sol. » (Pitre-Chevalier.)

La famine avait engendré un mal horrible, *le mal
jaune.* « C'était, dit Moreau, un mal de tête et de cœur
qui ne produisait aux malades ni aux morts aucune
marque extérieure, si ce n'est qu'ils jaunissaient du
visage. Le mal jaune emportait son homme en vingt-
quatre heures ; et si le malade passait le troisième jour,
il en échappait. » Tels furent les ravages de la conta-
gion, que, dans la ville de Quimper, mille sept cents
hommes moururent dans l'espace de quatre mois. A
ces calamités, il faut ajouter les ravages des loups. Il
est impossible de raconter par écrit, dit un témoin
oculaire, « toutes les pauvretés que nous avons souf-
fertes des loups dans ce bas pays ; on les estimerait des
fables et non des vérités. S'étant habitués à vivre de
chair et de sang humain, par l'abondance des cadavres
que leur servit d'abord la guerre, ils trouvèrent cette

curée si appétissante, que dès lors et dans la suite, jusqu'à sept et huit ans, ils attaquèrent les hommes, étant même armés, et personne n'osait plus aller seul. Quant aux femmes et aux enfants, il les fallait bien enfermer dans les maisons; car si quelqu'un ouvrait la porte, il était le plus souvent happé jusque sur le seuil. Il s'est trouvé plusieurs femmes, au sortir tout près de leur demeure... avoir eu la gorge coupée, sans pouvoir crier à leurs maris à trois pas d'elles, en plein jour!... La paix faite, les portes des villes demeurant ouvertes, les loups s'y promenaient toutes les nuits jusqu'au matin; et aux jours de marché, les venderesses et regrattières, qui se levaient matin pour prendre leurs places, les ont souvent rencontrés, et ils emportaient la plupart des chiens qu'ils trouvaient sur la rue... Ils blessaient les gens au milieu de la ville; et sans les secours et cris que l'on faisait, criant au loup, il les eussent mangés... Telles ruses de ces bêtes sont à peu près semblables à celles de la guerre, et mirent dans l'esprit du simple peuple une opinion que ce n'étaient pas des loups naturels, mais que c'étaient des soldats déjà trépassés qui étaient ressuscités par la permission de Dieu, pour affliger les vivants et les morts; et communément parmi le peuple, les appelaient-ils en leur breton: *Tut-Bleiz*, c'est-à-dire *Gens-Loups*. »

VIII. — DE LA LIGUE A 1789

De la Ligue à 1789, l'histoire de Bretagne appartient à l'histoire de France. Dans les guerres maritimes qu'eut à soutenir notre patrie, les Bretons lui rendirent les plus grands services et plusieurs s'illustrèrent. (Voir les personnages remarquables à la fin du volume.)

A l'intérieur, il y eut des émotions causées par des mesures financières, la révocation de l'édit de Nantes, la conspiration de Cellamare, sous la Régence. Nous ne citerons, de cette période, que les émeutes causées par l'impôt du timbre.

Impôt du timbre. — Les impôts du timbre et du tabac, sous Louis XIV, ne cessèrent d'agiter la Bretagne pendant la moitié du règne de ce grand roi. Il y eut des émeutes, et ce soulèvement des paysans « fut une véritable Jacquerie, mais provoquée par des misères trop réelles. » Les *bonnets bleus* (c'est ainsi qu'on appelait les insurgés de la Cornouaille, par opposition aux *bonnets rouges* du Léon), après une tentative infructueuse sur Quimper, dévastèrent avec rage les châteaux moins bien protégés, dont les propriétaires s'étaient réfugiés derrière les murailles de la ville. En 1675, les habitants de Combrit pillèrent le château du Cosquer « et maltraitèrent le maître de la maison, qui en fit ses plaintes en cour. Le roi, voulant punir la témérité de ces paysans, ordonna de démolir la tour et le clocher de l'église paroissiale, avec défense de les relever jamais. » Plus tard, la tour fut reconstruite, « mais le clocher de Lambour, qui avait subi le même sort, n'a pas été relevé et témoigne encore des colères toutes puissantes du grand roi. »

La répression fut bien autrement cruelle. Le duc de Chaulnes, alors gouverneur, voyant son orgueil humilié et sa personne compromise dans des querelles sanglantes, demanda des troupes qui écrasèrent la province. « Les rebelles à l'impôt furent pendus par centaines. » — « Dans le vaste espace qui s'étend de Carhaix à Morlaix, des côtes du Léon à celles de la Cornouaille, une forêt de potences s'éleva. » (De Carné.) Vingt-deux bonnets bleus furent pendus sous les seuls ombrages du Cosquer, en Combrit. — Madame de Sévigné, qui habitait alors ses domaines des Rochers, raconte ainsi ces pendaisons et ces arquebusades : « Nos pauvres Bas-Bretons s'attroupent quarante, cinquante, par les champs, et dès qu'ils voient les soldats, ils se jettent à genoux et disent : *Meâ culpâ :* c'est le seul mot de français qu'ils sachent ; on ne laisse pas de les pendre. Ils demandent à boire et du tabac et qu'on les dépêche. » (Lettre du 24 septembre 1675.) — « On a pris à l'aventure vingt-cinq ou trente hommes que l'on va pendre... On a fait une taxe de 100,000 écus sur les bourgeois, et si on ne trouve pas cette somme dans vingt-quatre heures, elle sera doublée et exigible par les soldats. On a chassé et banni toute une grande rue et défendu de les recueillir, sur peine de la vie ; de sorte qu'on voyait tous ces misérables, femmes, vieillards, enfants, errer en pleurs au sortir de cette ville, sans savoir où aller, sans avoir de nourriture, ni de quoi se coucher. Avant-hier, on roula un violon qui avait commencé la danse et la pillerie du papier timbré. Il a été écartelé après sa mort et ses quatre quartiers exposés aux quatre coins de la ville. On a pris soixante bourgeois ; on commence demain à pendre. Vous pouvez compter qu'il n'y a plus de Bretagne et c'est dommage. » (Du 20 octobre.)

Cependant l'ordre se rétablit, et la Bretagne paya trois millions d'amende.

IX. — LE FINISTÈRE ET LA RÉVOLUTION

Une partie du territoire qui forme aujourd'hui le département du Finistère, adopta avec ardeur les principes de la Révolution. Quimper fut à un rare degré une ville « patriote », et son patriotisme avait de l'écho jusque dans les plus petites communes rurales qui formèrent son district. Les cahiers de sa bourgeoisie et même de sa noblesse, pour les Etats-Généraux, renfermaient les demandes les plus hardies : impôt progressif, taxe sur les objets de luxe, concours pour tous les emplois, etc. C'est Quimper qui émit le vœu de la *Fédération bretonne*, réalisée à Pontivy (1790). « Les délégués de la Bretagne et de l'Anjou s'y réunirent au nombre de près de deux cents, dressèrent le pacte fédératif, élurent pour président *Victor Moreau* (1), capitaine des artilleurs volontaires de Rennes, et prêtèrent le serment fédératif dans l'église paroissiale, l'épée nue sur l'autel, voulant, disaient-ils, « unir l'amour de la patrie à celui de la religion. » L'Assemblée nationale décréta qu'on enverrait à toutes les

(1) Né à Morlaix, et étudiant en droit à Rennes. (Voir sa Biographie.)

communes de France le pacte fédératif de Pontivy, qui eut le plus grand retentissement » (Malte-Brun). C'est à lui qu'on dut l'idée de la grande assemblée fédérative du Champ-de-Mars.

La Révolution trouva la population et la plupart des marins de Brest disposés à l'accueillir. Les officiers firent exception ; presque tous nobles, presque tous élèves de la marine et pleins de mépris pour ceux qui faisaient leur chemin tout seuls et qu'ils appelaient « les bleus », ils émigrèrent pour la plupart. « Les autres continuèrent leurs menées coupables pour entraîner les matelots à la révolte et correspondaient avec Toulon livrée aux Anglais. La municipalité, par une énergie soutenue, réussissait à peine à les contenir dans le devoir. C'est alors que le comité du Salut public envoya Jean-Bon-Saint-André et Prieur de la Marne avec mission de sauver Brest et la flotte. Leurs mesures furent décisives : la plupart des officiers furent emprisonnés à Brest ou envoyés à Paris pour y être jugés. » (Malte-Brun.)

La Chouannerie, née de la levée en masse décrétée par la Convention pour tenir tête à l'Europe coalisée, ne parvint pas à s'organiser dans le Finistère. « Les réquisitions d'hommes, de chevaux, de grains, de fourrages se succédèrent pendant cinq années sans mettre un instant en question l'ordre public. » Il y eut cependant quelques exceptions dans les communes de Saint-Pol-de-Léon, Crozon, Fouesnant, etc. Les Léonais avaient été rudement heurtés par la Révolution, et lorsque l'évêque de Saint-Pol-de-Léon, qui avait renvoyé, sans le décacheter, le décret de l'Assemblée qui supprimait son évêché, fut obligé d'émigrer, « il eut toujours dans le pays un agent, M. Floc'h, destiné à entretenir l'agitation. A l'occasion de la levée des trois cent mille hommes, un combat sanglant s'engagea sur la place de la cathédrale, dont les paysans avaient occupé les maisons, avec les troupes républicaines ; celles-ci l'emportèrent. » (Id.)

Dans le canton de Fouesnant, un juge de paix nommé à l'élection, Alain Nédellec, ancien régisseur du marquis de Cheffontaines, avait soulevé les paysans en les « menaçant d'incendier les propriétés de ceux qui ne se

déclaraient pas pour le parti du roi, » et, « comme prix
de leur concours », leur promettant « le pillage des
maisons des patriotes. » Il « proclama définitivement
la révolte, le dimanche 8 juillet 1792, à l'issue de la
messe paroissiale, et sur la croix du cimetière. L'appel
fut entendu; » et le lendemain, plusieurs centaines de
paysans « s'étant portés en grand nombre au chef-lieu
de canton, Nédellec les réunit dans l'église...; puis,
après leur avoir fait jurer de l'aider et de lui être fidèles,
il leur remit des armes et des munitions. » (Le Guillou-
Penanros). Le tocsin sonnait à Pleuven, Perguet,
Fouesnant, la Forêt, ainsi qu'à Rosporden et dans plusieurs autres communes; de toutes parts, on se rendait
près de Nédellec. Plusieurs maires y furent conduits de
force; quelques-uns s'étaient échappés. Les patriotes,
effrayés, portèrent à Quimper la nouvelle de cette levée
de partisans que suivait une nuée de femmes, accourues
de tous côtés avec des sacs et des paniers pour prendre
part au pillage. La ville était dépourvue de troupes ré-
gulières; mais le Directoire ordonna d'envoyer sur les
lieux cent cinquante gardes nationaux commandés par
Vacherot, quinze gendarmes sous les ordres de Daniel
de Coloë, leur lieutenant, et une pièce de canon de campagne. Le lendemain, 10 juillet, à quatre heures du matin, on partit de Quimper. La rencontre eut lieu à Fouesnant, à un quart d'heure du bourg. Les insurgés étaient
embusqués derrière des fossés. Profitant de l'embarras
de la troupe qui défilait dans un chemin creux, ils en-
gagèrent précipitamment l'attaque. Le garde national
Lozac'h fut tué, quatre autres blessés; l'un d'eux, Bo-
dolec, mourut le lendemain. Mais les gardes nationaux
s'élancèrent à leur tour; six des révoltés tombèrent
morts, les autres se replièrent sur le bourg, qui fut
pris, ou se dispersèrent dans la campagne. Quarante-
trois insurgés furent faits prisonniers. Les troupes se
cantonnèrent dans l'église, où elles passèrent la nuit
avec leurs morts et leurs blessés. Le lendemain, elles
rentrèrent à Quimper. «C'était la guerre, une guerre in-
testine et de famille; et cependant, le lendemain, il y eut
de la musique et des chants de triomphe à l'arrivée des
gardes nationaux que toute la population s'empressa
d'aller devancer. Deux cadavres et trois charrettes

chargées de paysans pris ou blessés, suivaient la troupe (1) » (Duchatellier).

Cette scène des « révoltés de Fouesnant » est reproduite dans un magnifique tableau du peintre Girardet, que possède le musée de Quimper.

La Terreur eut peu de disciples dans le Finistère; et en 1793, les principaux Girondins, Duchâtel, Pétion, Guadet, Louvet, etc., décrétés d'accusation, trouvèrent à Quimper et dans les environs un asile qu'ils n'auraient jamais dû quitter.

Pendant cette période néfaste, un tribunal révolutionnaire fut installé à Brest. Les têtes tombèrent sur la guillotine, entre autres vingt-six des administrateurs du département, qui se livrèrent au bourreau en poussant un cri suprême de : « Vive la République ! »

Dans le Finistère, comme dans le reste de la Bretagne, la mort de Robespierre, qui mettait fin à la Terreur, fut reçue avec un cri de délivrance.

Division administrative du Finistère. — Le département du Finistère a été formé, en 1790, de la Cornouaille, du Léon et d'une faible portion des évêchés de Vannes et de Tréguier.

Il fut d'abord partagé en neuf districts : Morlaix, Lesneven, Landerneau, Brest, Quimper, Pont-Croix, Quimperlé, Châteaulin, Carhaix. En 1795, les districts furent supprimés et remplacés par des arrondissements, qui sont, pour le Finistère: Quimper, Brest, Châteaulin, Morlaix et Quimperlé.

X. — LE FINISTÈRE DEPUIS LA RÉVOLUTION. — PORTRAIT DES BRETONS

1° Depuis la Révolution, l'histoire du Finistère n'offre aucun événement particulier important. Sous le pre-

---

(1) Trouvé cinq mois plus tard sous une trappe dans une ancienne carrière abandonnée, Nédellec fut livré à l'autorité judiciaire, traduit le 17 mars 1793 devant le tribunal correctionnel du département et condamné à mort.

mier empire, comme la Bretagne, il resta paisible.
« Les événements de 1815 y ranimèrent les discordes
civiles, auxquelles mit fin la rentrée des Bourbons à
Paris... Les événements de 1830 à 1831 déterminèrent,
en Bretagne, quelques échauffourées; mais, depuis
cette époque, le pays n'a cessé de jouir de la plus grande
tranquillité. » (Girard; *la Bretagne maritime*.)

2° La Cornouaille. — Le Finistère, c'est-à-dire la
Cornouaille et l'ancien comté de .....on, est le résumé
complet de la Bretagne. « La Cornouaille du Nord est
l'Arabie Pétrée de la Bretagne; la Cornouaille méridio-
nale en est l'Arabie florissante. Là, ce sont des routes
nues et poudreuses; de bruns troupeaux épars dans les
landes; des chaînes de noires collines sans arbres, on-
dulant sous leur manteau de bruyère; un ciel gris, un
froid humide ou une chaleur sèche, des déserts d'ajoncs
et de genêts. » Au sud, au contraire, vers Quimper et
Quimperlé, ce sont des vergers et des champs en fleur,
des vallons, des coteaux arrangés à plaisir, des manoirs
et des villages cachés dans les bois, « des cités étagées
gaiement au bord des eaux courantes »; en un mot,
mille paysages plus délicieux les uns que les autres.

Le Léon. — Le Léon, c'est-à-dire la partie du département formant les arrondissements de Morlaix et de
Brest, « n'a pas des aspects moins opposés que la Cornouaille : bois au milieu, mer alentour, » c'est-à-
dire : « au milieu, des plaines verdoyantes, de fertiles
vallées, des fourrés charmants de feuilles et de fleurs,
des champs dorés, ceints de haies vives; une végétation
éblouissante de fraîcheur... Aux alentours, la mer avec
toutes ses splendeurs et toutes ses harmonies, mais aussi
avec tous ses rugissements et toutes ses épouvantes; en-
tassement de rochers monstrueux, perspectives immenses
et formidables, lambeaux de territoires engloutis,
innombrables récifs, dont chacun a ses chroniques de
naufrages, ses gémissements de morts sans sépulture,
ses histoires de pillage et de meurtre au bon temps du
droit de bris. »

3° Types. — Dans la Cornouaille, les montagnards

sont vifs, petits et infatigables ; les hommes des côtes, « silencieux et farouches comme l'aspect de leurs horizons... De Quimper à la côte, la réserve sournoise des figures contraste avec l'éclat des habits. Dans les douces campagnes de Quimperlé, le Kernewote est plus souriant et plus expansif. » — « L'habitant du Léon est généralement grand et majestueux. Il a la figure allongée, la démarche solennelle, la parole lente, les habits noirs et flottants. Son large chapeau laisse à peine entrevoir son regard calme et sévère. »

4 **Caractère général des Bretons.** — Le Breton aime ardemment son pays, son clocher, son champ ; il fait, en quelque sorte, partie du sol qui l'a vu naître, et il devient souvent victime de cet amour du pays, lorsque, pour une cause ou pour une autre, il est obligé de quitter le sol armoricain. « Est-il appelé sous les drapeaux ? s'agit-il de défendre la France, sa mère adoptive ? Ah ! il n'est pas longtemps à se décider, il ne se fait pas prier ; il part en jetant un regard de regret sur son petit coin de terre qu'il va peut-être quitter pour toujours, et il se bat comme un lion, car il veut toujours mériter le titre que Napoléon Ier donnait aux Bretons. Il a à soutenir la réputation de son pays, et, cependant, le regret est quelquefois plus fort, la nostalgie le gagne, le tourmente ; il regrette ses landes désertes, ses montagnes abruptes, enfin, son cher pays, dont il cherche vainement l'image dans les pays qu'il parcourt. » (Ed. Vallin : *Voyage en Bretagne.*)

« Le premier titre, aux yeux des Bretons, est celui d'honnête homme ; aussi, quelque position que l'on occupe, on n'est plus rien pour lui, du moment qu'on a cessé de mériter l'estime publique. Défiant par nature, il se décide toujours lentement à faire ce qu'on lui propose, mais il rachète ce défaut par une fidélité à toute épreuve aux promesses qu'il a faites, et, lorsqu'il vous présente sa main et qu'il frappe dans la vôtre, vous pouvez vous rassurer et être persuadé qu'il ne reviendra pas sur sa décision. » (Id.) Cependant, si la loyauté bretonne est proverbiale, il ne faut pas en faire le synonyme de la franchise, considérée dans le sens d'ouverture de cœur et d'esprit. Le paysan Breton est « droit, loyal,

mais nullement ouvert. Il ne ment pas, mais il ne dit
ni oui ni non. Il est aussi difficile de lui faire dire ce
qu'il pense qu'impossible de lui faire dire ce qu'il ne
pense pas. Son état normal est la défensive. Voyez ses
champs, ils sont clos d'énormes talus surmontés de plus
énormes haies. Voyez sa maison, elle est fermée à
double porte et à triple serrure; le jour y entre à peine
par une lucarne étroite. Voyez son lit clos... Eh bien !
son âme n'est pas moins close que ses champs, moins
barricadée que sa maison, moins mystérieuse que son
lit, vis-à-vis de l'étranger qui ne lui parle point sa
langue maternelle. » (Pitre-Chevalier.) — Le Breton
est aussi résigné et tenace. C'est cette ténacité, qu'il
puise dans son orgueil local, qui fait que le Breton
n'aime pas le changement, qui rend nos soldats et nos
marins d'Armorique infatigables, « les derniers debout
contre le feu de l'ennemi et contre les assauts de la tempête. »

5° Langue. — La langue française se répand de plus
en plus dans les campagnes du Finistère, comme dans
la Bretagne. Cependant, la langue celtique y est encore
communément parlée, même par ceux qui connaissent
le français. — Cette langue celtique, ou bas-breton, se
divise en quatre principaux dialectes: «le Léonard, parlé
dans l'ancien diocèse de Saint-Pol-de-Léon; c'est le plus
régulier; le Trécorien, parlé dans l'ancien diocèse de
Tréguier; le Cornouaillais, parlé dans le diocèse de
Quimper; c'est le plus pur; le Vannetais, parlé dans le
diocèse de Vannes; c'est le plus corrompu. » (Girard.)

QUESTIONNAIRE

I — 1. Par quels peuples était habitée l'Armorique? — 2. Faites le portrait des Gaulois ou Celtes. — 3. Quelle était leur religion? — 4. Que savez-vous des collèges de druidesses? — 5. Quels sont les noms des pierres druidiques? — 6. Comment se divisa d'abord le pays? — 7. D'où vint aux Romains l'idée de la conquête de la Gaule? — 8. Quelles difficultés rencontrèrent-ils? — 9. Quelles étaient les forces de l'Armorique? — 10. Racontez la défaite des Vénètes.

II — 1. Que firent les Romains en Armorique aussitôt après la conquête? — 2. Dans quelle partie de la Gaule se trouvait compris le Finistère? — 3. Dites ce que l'Armorique eut à subir de la domination romaine. — 4. Que désigne-t-on sous le nom de Bretons insulaires? — 5. Parlez des guerres et des expéditions de ces Bretons insulaires. — 6. Quelle fut la division de la Bretagne? — 7. Quels furent les premiers évêques du Finistère? — 8. Quelle résistance rencontra l'établissement du christianisme? — 9. Quel fut le missionnaire du dix-septième siècle? — 10. Quel diocèse forme le Finistère?

III — 1. Quelle fut la division du Finistère après la chute de l'Empire romain? — 2. Quel fut l'un des premiers rois de la Cornouaille? — 3. Que fit Gradlon pour son pays? — 4. A quels saints son nom est-il attaché? — 5. Et à quelle ville? — 6. Les Bretons acceptèrent-ils la domination franque? — 7. Guerres avec Clovis. — 8. Où se conservait l'indépendance bretonne? — 9. Que fit Charlemagne? — 10. Où Charles le Chauve fut-il vaincu? — 11. Quelle victoire remporta Nominoé? — 12. Qu'arriva-t-il après sa mort?

IV — 1. Les Normands en Bretagne au neuvième et au dixième siècles. — 2. Qu'arriva-t-il pendant les trente années qui suivirent la mort d'Alain le Grand? — 3. Que fit Alain Barbe-le-Torte? — 4. Quel a été le rôle des comtes de Léon et de Cornouaille? — 5. Citez un trait de la bravoure bretonne. — 6. Quelles furent les relations des Bretons et des Normands? — 7. Les Bretons eurent-ils droit de suzeraineté sur la Bretagne? — 8. Parlez de Pierre de Dreux et de Bouvines.

V — 1. Citez les principales maisons féodales. — 2. Comment se divisait la noblesse bretonne? — 3. Quels étaient les devoirs du voyer? — 4. Quel était le principe fondamental de la constitution bretonne? — 5. Faites connaître les conseils des ducs de Bretagne. — 6. Parlez des cours plénières. — 7. Quels étaient les officiers de la cour? — 8. Parlez des fonctions du grand veneur. — 9. Quels étaient les droits du seigneur? — 10. Que savez-vous du droit de bris? — 11. Citez les deux autres usages du temps. — 12. Quelle était la puissance des évêques? — 13. Quel était le cérémonial usité lors de leur entrée dans leur ville épiscopale?

VI. — 1. Qu'arriva-t-il à la mort de Jean III? — 2. Racontez le siège de Quimper par Charles de Blois, en 1344. — 3. Où mourut Montfort? — 4. Qu'arriva-t-il après la mort de Charles de Blois? — 5. Comment la Bretagne fut-elle réunie une première fois à la France? — 6. Une seconde fois? — 7. Quelles réserves avait faites Anne de Bretagne? — 8. Qui épousa sa fille? — 9. Que se passa-t-il aux États de 1532? — 9. Qu'arriva-t-il à la mort du dauphin François? — 10. Résumé historique du duché.

VII — 1. Que fit la Réforme en France? — 2. Qu'était-ce que le duc de Mercœur et que fit-il? — 3. Que firent une foule de gentilshommes? — 4. Qu'était-ce que la Fontenelle? — 5. Dites ce que vous en savez. — 6. Que fit-il à Penmarc'h?... à Pont-Croix?... à Quimper? — 7. Comment traitait-il ses prisonniers? — 8. Comment finit la Fontenelle? — 9. L'édit de Nantes fut-il général? — 18. État de la Cornouaille en 1598. — 11. Parlez du mal jaune. — 12. Parlez des ravages des loups.

VIII — 1. Quel impôt souleva la Bretagne? — 2. Qu'entendait-on par les bonnets bleus? — 3. Quels sont les pillages auxquels ils se livrèrent? — 4. Quel était le gouverneur? — 5. Comment l'émeute fut-elle réprimée? — 6. Citez des extraits de lettres de madame de Sévigné. — 7. Quelle amende paya la Bretagne?

IX — 1. Comment le Finistère adopta-t-il les principes de la Révolution? — 2. Qu'est-ce que la Fédération bretonne? — 3. Qu'arriva-t-il à Brest? — 4. La Chouannerie s'organisait-elle dans ce département? — 5. Que se passa-t-il à Saint-Pol de Léon? — 6. Dans le canton de Fouesnant? — 7. Comment les troupes furent-elles reçues à leur retour à Quimper? — 8. Cette scène n'a-t-elle pas été reproduite par un peintre? — 9. Où les Girondins trouvèrent-ils un asile? — 10. Où fut installé un tribunal révolutionnaire? — 11. Comment fut d'abord divisé le Finistère? — 12. Par quoi furent remplacés les districts?

LES PERSONNAGES REMARQUABLES

DU DÉPARTEMENT DU FINISTÈRE

Par S.-A. NONUS

Inspecteur primaire, Officier d'Académie.

I. — MARINS

HERVÉ DE PRIMAUGUET. — Célèbre marin du seizième siècle, Hervé de Primauguet, ou plutôt Hervé de Portzmoguer, naquit à Saint-Pol-de-Léon. Le combat naval qu'il soutint contre les Anglais, en vue des îles d'Ouessant, le 10 août 1513, a immortalisé son nom. Il montait un navire d'un nouveau modèle que la reine de France, Anne de Bretagne, avait fait construire et qui portait le nom de *La Belle Cordelière*. Les Anglais s'acharnèrent contre ce vaisseau, qui paraissait alors une merveille, et parvinrent à l'embraser au moyen de feux d'artifice. Les matelots et les soldats cherchèrent à se sauver; mais Portzmoguer refusa de quitter le navire qui lui avait été confié. Se dirigeant droit sur le vaisseau amiral anglais *La Régente*, il y jette ses grappins d'abordage, lui communique l'incendie, qui y fait promptement d'effrayants progrès. *La Cordelière* et la *Régente* sautèrent ensemble avec leurs équipages. Un cénotaphe fut érigé au vaillant amiral breton; « mais l'histoire, qui nous a conservé l'épitaphe, ne nous apprend point en quel endroit fut élevé le monument. »

MOROGUES (Sébastien-François BIGOT, vicomte de). — Il naquit le 5 avril 1705, à Brest, où son père,

M. Bigot de la Mothe, alors commissaire de la marine, devint plus tard intendant. « Une grande aptitude, manifestée pendant le cours de ses études, dans les sciences physiques et mathématiques, détermina son père à le faire entrer, dès l'âge de dix-huit ans, dans le régiment de Royal-Artillerie. » En 1736, il quitta ce régiment pour s'engager dans la marine. Il n'était encore que sous-lieutenant, et ce défaut d'avancement s'explique d'autant moins que le perfectionnement de l'artillerie avait été de sa part l'objet de longues et fructueuses méditations, et que son mérite réel avait été apprécié de ses chefs. « Appelé à remplir les fonctions d'officier de vaisseau, il sentit le besoin de spécialiser ses connaissances ; aussi, la tactique, la manœuvre, la construction, toutes les parties enfin de sa nouvelle profession devinrent-elles pour lui la matière d'un travail distinct et approfondi. » C'est à lui que l'on doit la création de l'*Académie de Marine* (1752), qui s'occupait spécialement de l'étude et de l'extension des sciences nautiques, et qui prit plus tard le nom d'*Académie royale* (1769). Morogues ne brilla pas moins par l'épée que par la plume. Pendant la guerre de Sept-Ans, il commandait, en 1759, le *Magnifique*, dans l'escadre du maréchal de Conflans. A la fatale journée du 20 novembre, il combattit seul, pendant près d'une heure, contre trois vaisseaux anglais, et, après les avoir contraints à s'éloigner, il ramena le *Magnifique* à l'île d'Aix. Il fut récompensé de sa belle conduite par le brevet de chef d'escadre. En 1771, il fut élevé au grade de lieutenant-général des armées navales, et il avait l'espoir de devenir ministre de la marine, lorsqu'une intrigue de cour le fit exiler à Ville-Fayer, près d'Orléans, où il mourut en 1781. Une de ses filles épousa Trédern de Lézérec.

KERGUÉLEN-TRÉMAREC (Yves-Joseph, de). — Kerguélen-Trémarec, né à Quimper en 1734, est mort en 1797. Dès 1767, il commanda une frégate dans les parages de l'Islande, et, en 1771, il fut chargé d'aller à la recherche des terres australes. Il découvrit (1772), dans la mer des Indes, une île déserte à laquelle il donna son nom (latitude Sud, 49° 54' 30" ; long. Est, 67° 62'). Cette île, environnée de glaces, stérile et inha-

bitée, a 160 kilomètres sur 80. Son port a reçu le nom
de *Havre de Noël*. Au retour de ce premier voyage, il
fut nommé capitaine de vaisseau et en fit un second en
1773. Enfermé quelque temps au château de Saumur
(1774), à la suite d'un jugement, pour avoir abandonné
une embarcation, il fit encore, après sa sortie, quelques
courses, dans lesquelles il découvrit les îles de Croï, de
la Réunion et de Rolland. Il a consigné ses voyages
d'exploration dans les récits suivants : *Relation d'un
voyage dans la mer du Nord ; Relation de deux voyages
dans les mers Australes et des Indes*, etc.

DU COUEDIC DE KERGOUALER (Charles-Louis,
vicomte de). — Du Couëdic, qui perdit son père à l'âge
de six ans, fut envoyé chez son tuteur au Lézardeau, et
de là au collège de Quimper, où il fit ses études ; puis,
en 1756, à Brest, où il entra dans la marine en qualité
de garde (élève noble de la marine). Il devint l'un des
officiers les plus habiles et les plus braves de notre
marine. Nous ne citerons que son dernier combat, le
plus glorieux de tous. Le 6 octobre 1779, la frégate
anglaise *Le Québec*, et la frégate française *La Surveillante*, commandée par Du Couëdic, et dont l'équipage
était entièrement composé de Bretons, étaient chargées,
chacune de leur côté, de surveiller les flottes rivales.
« Après avoir échangé de terribles bordées, elles se
rapprochèrent. » On était presque bord à bord. Malgré
deux blessures à la tête, Du Couëdic, sans prendre le
temps de se faire panser, ordonne et montre à tous ce
qu'il faut faire. *La Surveillante* voit tomber ses trois
mâts ; cinq minutes après, le *Québec* est à son tour
démâté. Le commandant français ordonne l'abordage,
mais il tombe atteint d'une balle au ventre. Reprenant
son énergie et privé de ses officiers, frappés à mort ou
grièvement blessés, il s'adresse à ses neveux, gardes de
la marine : « Allons, leur dit-il, à l'abordage : c'est à
vous de donner l'exemple ; pensez à maintenir l'honneur
de la famille. » Mais au même moment, on s'aperçoit
que le vaisseau anglais est en feu. Aussitôt, Du Couëdic
ne songe plus qu'à secourir ses ennemis. Le feu gagne
La Surveillante, qui se dégage à grand'peine, mais
avec une large voie d'eau, et elle menace de sombrer.

Malgré le danger, malgré ses propres blessures, Du Couëdic inspirait une telle énergie à ses marins, que l'incendie put être éteint, et que l'équipage anglais fut sauvé (1) ; il traita ces braves soldats non en prisonniers, mais en naufragés. Remorqués dans le port de Brest, les nobles débris de la *Surveillante* furent visités même par les dames. Comme l'une d'elles demandait s'il était vrai (ce qui n'était pas) que le pavillon anglais fût cloué au mât pendant le combat, un matelot français répondit : « Madame, le nôtre était cloué par l'honneur dans le cœur de notre brave capitaine. » Malheureusement, ce brave capitaine ne survécut que trois mois à ses blessures. Le roi, qui avait récompensé son courage par le brevet de capitaine de vaisseau, lui fit élever un monument dans l'église Saint-Louis, à Brest, avec cette inscription :

Ici repose le corps de
Messire Louis du Coëdic de Kergoualer
Chevalier de l'ordre royal et militaire de Saint-Louis
Capitaine des vaisseaux du roi
Né au château de Kerguélénen, paroisse de Pouldregat
Diocèse de Quimper, le 17 juillet 1740
Mort le 7 janvier 1780
Des suites des blessures qu'il avait reçues dans le
combat mémorable qu'il a rendu le 6 octobre 1779,
Commandant la frégate de Sa Majesté : La Surveillante,
Contre la frégate anglaise : Le Québec.
Ce monument a été posé par ordre du roi pour perpétuer
Le nom et la mémoire de ce brave officier.
Jeunes élèves de la marine, admirez et imitez l'exemple
Du brave Du Couëdic.

TRÉDERN DE LÉZÉREC (Jean-Louis). — Né à Quimper le 23 janvier 1742, il perdit son père en bas âge. Il était externe au collège de Quimper, lorsqu'il entra dans la marine, à l'âge de 14 ans. « Un jugement sûr, une grande aptitude au travail lui fournirent plus tard le moyen de compléter seul une éducation que lui-

_____

(1) Le commandant, Georges Farmer, ne voulut pas quitter sa frégate et mourut avec elle.

même reconnaissait n'être qu'ébauchée. » Il embarqua le 21 avril 1757; en 1766, il était lieutenant de vaisseau. De 1767 à 1778, il servit avec tant de distinction qu'il fut jugé digne, malgré l'infériorité de son grade, de la croix de Saint-Louis, qui lui fut accordée le 16 août 1778. Il prit part à la guerre de l'Indépendance américaine, et le courage et l'habileté qu'il montra en commandant *La Ville de Paris* lui valurent le brevet de capitaine de vaisseau et la décoration de Cincinnatus, que Washington fit accompagner d'une lettre des plus flatteuses. Il fut admis à la retraite le 24 novembre 1785. Il mourut à Quimper le 27 juin 1807.

LEISSÈGUES (Corentin-Urbain de). — Leissègues naquit à Hanvec en 1758. Marin célèbre, il reprit la Guadeloupe au nom du Directoire, et, pendant le Consulat, il rétablit la prépondérance du pavillon français à Constantinople, Tunis, Alger et Alexandrie; sous l'Empire, il pourvut à la défense de Venise et à l'approvisionnement de Corfou. Il est mort en 1832. Il était vice-amiral.

COSMAO-KERJULIEN (Julien-Marie). — Il naquit le 27 novembre 1761 à Châteaulin, où son père était notaire. « D'une constitution vigoureuse, d'un caractère franc et déterminé, d'une vocation prononcée », il s'embarqua comme volontaire à Brest, à peine âgé de quinze ans, et alla aux Antilles sur la frégate l'*Aigrette*. En 1781, il était lieutenant de frégate, sous-lieutenant de vaisseau en 1786, lieutenant en 1792, capitaine l'année suivante, et contre-amiral en 1805. Il fit partie, cette même année, de l'armée franco-espagnole, et, arrivé à la Martinique, il reçut la mission de s'emparer de la Roche du Diamant, fort jusque-là réputé inexpugnable. Monté sur *Le Pluton*, il prit ce fort après quatre jours de combat, le 2 juin. A Trafalgar, il se distingua par sa bravoure et ses habiles manœuvres, dégagea l'amiral espagnol Gravina, et, après la défaite, il força les Anglais d'abandonner six vaisseaux, trophées de leur victoire. Le ministre de la marine, Decrès, le félicita, l'empereur le fit contre-amiral, et le gouvernement espagnol le créa grand d'Espagne de première classe. En 1810, il reçut le titre de baron, avec une dotation de 4,000 francs. Le 10 avril 1815, il fut nommé à la préfecture maritime de Brest, mais il fut destitué au mois de juillet de la même année. Cosmao-Kerjulien est mort à Brest le 17 février 1825.

LINOIS (Charles-Alexandre-Léon, comte DURAND de). — Linois est né à Brest en 1761. Il entra dans la marine à l'âge de quinze ans et prit part à la guerre d'Amérique. Il était capitaine du vaisseau *Le Formidable*, lorsque, après une lutte désespérée près de l'île de Groix, il tomba au pouvoir des Anglais ; mais il fut bientôt échangé et fit partie de l'expédition d'Irlande. Nommé contre-amiral en 1799, il remplit les fonctions de chef d'état-major général sur la flotte de l'amiral Bruix et commandait en second l'escadre de Ganteaume en 1800. Après avoir fait des courses heureuses dans les mers des Indes, il soutint, à son retour, un combat inégal, près de Madère, contre l'amiral Warren (1806) et fut fait prisonnier. Rendu à la liberté en 1814, il reçut de Louis XVIII le gouvernement de la Guadeloupe, mais il fut révoqué l'année suivante et mis à la retraite. Il est mort en 1848.

ROMAIN-DESFOSSÉS (Joseph). — Il est né en 1798 et entra dans la marine en 1807. En 1845, il fit une expédition contre Tamatave (Madagascar), d'où les étrangers venaient d'être chassés. Contre-amiral en 1847, il fut major de la marine à Brest, et les électeurs du Finistère l'envoyèrent à l'Assemblée législative en 1849; il devint ministre de la marine et des colonies, fut nommé sénateur en 1855, et, après avoir dirigé l'escadre d'évolutions de la Méditerranée, il fut promu amiral en 1860. Il est mort en 1864.

ÉMÉRIAU (Maurice-Julien, comte). — Né le 20 octobre 1762, à Carhaix, il était à peine âgé de quatorze ans lorsqu'il entra dans la marine. Intelligent, courageux, brave, intrépide, il se distingua dans un grand nombre de combats. A Aboukir, il commandait *Le Spartiate*, qui fut attaqué par le *Vanguard*, monté par Nelson, et par *Le Thésus*. Il causa les plus grands dommages au vaisseau-amiral et lui opposa la résistance la plus énergique, ainsi qu'à deux autres vaisseaux accourus à son secours. Quoique atteint de deux blessures graves, il ne se rendit que lorsque le *Spartiate* fut démâté, ses canons démontés et qu'il eut perdu la moitié de son équipage. Nelson fit rendre son épée à un officier si digne de la porter. Sous l'Empire, il continua de se faire remarquer comme marin ; il le fut aussi comme administrateur. Admis à la retraite en juillet 1816, il avait été pair pendant les Cent-Jours ; il le fut encore en 1831. L'amiral Émériau mourut à Toulon le 2 février 1845. Il était Grand-Croix de la Légion d'honneur et chevalier de Saint-Louis. Il avait été créé comte le 3 décembre 1810.

FLEURIOT DE LANGLE (Alphonse-Jean-René, vicomte de) — Fleuriot de Langle est né à Prudalen, près de Morlaix, le 16 mai 1809. Il entra d'abord à l'Ecole d'Angoulème (1825) et passa ensuite sur le vaisseau-école *L'Orion*, en rade de Brest. Il prit part à la campagne d'Alger et commandait une compagnie de débarquement à Sidi-Ferruch. Pendant les années 1838-1839, commandant en second la corvette *La Recherche*, il fit, avec la commission scientifique présidée par le docteur Gaymard, un voyage de découvertes au Spitzberg et fut chargé des travaux hydrographiques. Il prit aussi part à la campagne de Crimée et à la prise de Sébastopol. Nous ne pouvons le suivre année par année. En 1870, nous le trouvons, contre-amiral depuis 1863, commandant du 6e secteur de l'enceinte de Paris. Il surveilla l'instruction des matelots aérostiers « et présida à la confection et au départ de la plupart des ballons montés qui quittèrent Paris pendant le siège. » Il fut récompensé de ses efforts par le grade de vice-amiral, 23 janvier 1871. Admis dans le cadre de réserve en 1874, il est mort à Paris le 22 juillet 1881. Il avait été promu grand officier de la Légion d'honneur le 11 mars 1868.

II. — HOMMES DE GUERRE

TANNEGUY-DUCHATEL. — Vaillant capitaine, d'une ancienne famille de Bretagne, né près de Brest vers 1369, mort en 1449. « Il fut premier chambellan du duc d'Orléans, il suivit le duc d'Anjou dans son expédition de Naples » et, à son retour en France, il prit parti pour les Armagnacs contre les Bourguignons. Le dauphin, depuis Charles VII, le nomma maréchal de Guyenne et prévôt de Paris, et, lorsqu'en 1416 les Bourguignons entrèrent dans Paris, c'est à lui qu'il dut de ne pas tomber entre leurs mains. L'assassinat du duc de Bourgogne (1419) est attribué en grande partie à Tanneguy-Duchâtel. Les faveurs et les dignités dont le combla Charles VII soulevèrent contre lui beaucoup de jalousies. Il se retira en Provence où il mourut.

ABOVILLE (François-Marie, comte d'). — D'Aboville naquit à Brest en 1730 et mourut en 1817. Il prit part à la guerre d'Amérique et s'y distingua, sous les ordres de Rochambeau, en qualité de colonel d'artillerie. En 1789, il est maréchal de camp, et en 1792, comme lieutenant-général, il commande les armées du Nord et des Ardennes. Lors de la défection de Dumouriez, il se déclare contre ce général. Après le 18 brumaire, il devient premier inspecteur-général de l'artillerie, puis sénateur; il commande, en 1805, les gardes nationales du Doubs et du Jura ; en 1809, il est nommé gouverneur de Brest. En 1814, il adhère au rétablissement des Bourbons, devient pair de France le 4 juin de la même année. A son retour de l'île d'Elbe, Napoléon lui confère la même qualité, mais il refuse. On doit à d'Aboville quelques inventions mécaniques, parmi lesquelles nous citerons les roues à moyeux de métal, dites *roues à voussoir*.

MADEC. — Madec est né à Quimper le 7 février 1738, « de parents honnêtes, mais peu favorisés de la fortune ». Il s'embarqua en 1748, sur *L'Auguste*, en qualité d'élève de la Compagnie des Indes ; mais il quitta la Compagnie et s'engagea à Pondichéry dans le bataillon de la marine. Fait prisonnier par les Anglais, il parvint à s'enfuir avec 222 de ses camarades qui le proclamèrent leur chef, comme le plus courageux. « Ce moment fut la première époque remarquable du beau rôle qu'il devait jouer dans la vie. » Il offre successivement ses services à plusieurs princes indiens, qui les acceptent avec empressement. Après ses premiers exploits, son armée se grossit et, à la tête de ses bataillons, il fait flotter l'étendard français. En récompense de sa bravoure et de ses services, un des princes indiens lui accorde le grade de *panchazari*, ce qui donnait le droit « de faire porter les.tymbales et le drapeau sur un éléphant et d'avoir 14 chevaux portant trompettes. » En 1771, le gouvernement français de Chandernagor l'informe que la France a un comptoir dans cette ville et qu'il peut servir utilement sa patrie en lui procurant l'alliance et l'amitié des princes dont il a la confiance. Dès ce jour, Madec n'eut plus d'autre idée, et c'est dans ce but qu'il accepta les offres de l'empereur du Mogol. Son entrée dans Delhy, la capitale, fut une entrée triomphale. Il fut admis à l'audience du monarque, qui le félicita de ses dernières victoires, lui fit délivrer la patente de Nabab de première classe et ôta son épée dont il le ceignit lui-même. » Si mon père me voyait! » pensait-il. Les alliés attaquèrent Delhy en 1772 ; au premier choc, la cavalerie de l'Empereur et son infanterie prirent la fuite ; Madec restait seul avec sa troupe; il fut blessé le deuxième jour, et l'empereur, réduit aux extrémités, capitula à des conditions très dures. Ruiné par ses trois derniers combats, Madec résolut de revenir dans sa patrie ; mais ce ne fut qu'après bien des péripéties, après de nouveaux combats qu'il partit de Pondichéry pour l'Ile de France. Il arriva à Lorient le 8 octobre 1779. Il fut décoré de la croix de Saint-Louis le 8 novembre suivant, et obtint des lettres de noblesse en 1780. « Cet homme étonnant » mourut dans sa ville natale en 1781. Son plus beau titre de gloire est d'avoir sacrifié volontairement son immense fortune dans l'espoir d'être utile à sa patrie. Il avait épousé la fille d'un des principaux chefs de l'Inde, dont il eut un fils et quatre filles.

LA TOUR D'AUVERGNE (Théophile-Malo Corret, de). — La Tour d'Auvergne naquit à Carhaix le 23 décembre 1743. Il entra dans les mousquetaires en 1767 en qualité de sous-lieutenant ; il devint lieutenant en 1770, prit part à la guerre de l'Indépendance américaine, se distingua au siège de Mahon, où il étonna amis et ennemis par sa bravoure. En 1789, il refusa d'émigrer, et lorsque la guerre éclata successivement avec les diverses puissances d'Europe, il servit d'abord en Savoie et entra le premier dans Chambéry, l'épée à la main. Envoyé ensuite à l'armée des Pyrénées, il s'y signala par sa valeur et son intelligence. Sous le nom de division d'avant-garde, il commanda toutes les compagnies de grenadiers de cette armée, formant un corps d'environ 2,000 hommes qui, par sa vaillance, conquit le titre de *colonne infernale*. La Tour d'Auvergne refusa tout avancement militaire. Sa santé se trouva compromise par la fatigue et une année de captivité passée en Angleterre, et, après la paix de Bâle (1795), il avait dû songer à la retraite, rêvant de terminer sa vie si laborieuse et si utile en se consacrant aux études littéraires. Mais il apprend que son ancien ami, Le Brigant de Pontrieux, vieillard octogénaire, allait se voir privé de son dernier fils, son seul appui, par la réquisition. La Tour d'Auvergne se fait agréer par le Directoire et va rejoindre l'armée du Rhin, avec laquelle, pendant près de deux ans, il prend part à tous les combats qu'elle livre sur le Rhin et en Suisse. Sur le rapport de Carnot, le premier consul lui décerna un sabre d'honneur et créa pour lui le titre de *Premier Grenadier des armées de la République*. (Arrêté du 7 floréal an VIII. — 27 avril 1800.)

Après avoir payé la dette du fils de son ami, La Tour d'Auvergne s'était retiré à Passy, mais la guerre allait se rallumer avec l'Allemagne et Carnot lui écrivit que la présence à la frontière du premier grenadier des armées de la République exercerait un puissant effet sur l'armée. Malgré ses cinquante-six ans, La Tour d'Auvergne n'hésite pas ; il retourne à la 46ᵉ demi-brigade, commandée par son ami, le général Forty, sous les ordres du général Moreau. Six jours après son arrivée, le 27 juin 1800, il trouve la mort au combat de

Neubourg, en Bavière. Tous les grenadiers le pleurèrent comme un père et un ami et portèrent son deuil pendant trois jours. Son corps, enveloppé de feuilles de chêne et de laurier, fut déposé dans le lieu même où il avait reçu la mort. On lui éleva un monument sur lequel on mit pour épitaphe ces simples mots : *La Tour d'Auvergne.* Son nom fut conservé en tête des contrôles jusqu'en 1814, et, à chaque appel, le plus ancien sous-officier répondait : « *Mort au champ d'honneur !* » La Tour d'Auvergne était aussi un savant distingué et possédait plusieurs langues. On a de lui : *Nouvelles recherches sur la langue, l'origine et les antiquités bretonnes* (1792), ouvrage réimprimé en 1801 sous le titre d'*Origines Gauloises.* La ville de Carhaix lui a élevé une statue en 1841.

MOREAU (Jean-Victor). — Moreau naquit à Morlaix, en 1763, où son père était avocat. Après avoir étudié le droit à Rennes, il s'engagea dans l'armée du Nord (1792). Intelligent et audacieux, il avança si rapidement qu'il était général en 1794. Commandant l'armée du Rhin, il opérait en Allemagne (1796), pendant que Bonaparte s'illustrait en Italie. Il repoussa les Autrichiens, mais la défaite de Jourdan (armée du Nord) le rappela en arrière ; forcé à la retraite, il l'effectua avec une habileté qui l'a placé au premier rang des généraux de cette époque si féconde en illustrations militaires. En 1800, il commandait les armées du Danube et du Rhin, et, après une série de victoires, il n'était plus qu'à 25 lieues de Vienne quand la paix fut signée (paix de Lunéville, 1801.) De retour à Paris, il se maria et, poussé par sa femme et sa belle-mère, il voulut contrecarrer les menées ambitieuses de Bonaparte et conspira avec Pichegru et Cadoudal. Condamné à deux ans de détention, il vit sa captivité changée en exil et partit pour les États-Unis. Il revint en Europe en 1813, mais, hélas ! pour servir dans les armées des coalisés. Il fut tué à Dresde par un boulet français, le 27 août 1813.

HERVO. — Il est né à Quimperlé en 1766 et fut, en 1789, l'un des premiers volontaires nationaux. Plus tard, il passa dans l'armée régulière. Brave, intrépide, il conquit successivement tous ses grades dans les campagnes du Rhin (1792), de la Vendée (1793), de Rhin-et-Moselle (1794), d'Italie (1796-1801), d'Allemagne (1805-1809). Il était général de brigade, lorsqu'il trouva une mort héroïque dans les engagements contre les Autrichiens, à la veille de la bataille d'Eckmühl. Sa statue est à l'hôtel des Invalides et son nom a été gravé en lettres d'or sur les tables de marbre du musée de Versailles.

LE FLO (Adolphe-Emmanuel-Charles). — Le général Le Flô est né à Lesneven, le 2 novembre 1804. Élève de l'école militaire de Saint-Cyr, il passa en Afrique comme lieutenant en 1831, et il y gagna rapidement et brillamment ses grades. Il se distingua surtout à la prise de Constantine et, en récompense de sa bravoure, fut nommé chef de bataillon. Colonel le 20 octobre 1844, il était nommé général de brigade le 12 juin 1848. Élu à la Constituante la même année, il fut chargé d'une mission diplomatique en Russie, où il resta jusqu'en mars 1849. Réélu à la Législative par le Finistère, et opposé au prince Napoléon, il fut arrêté au coup d'Etat du 2 décembre 1851 et exilé. Rentré en France en 1857, il resta à l'écart jusqu'à 1870. Dès nos premiers revers, il demanda à rentrer dans l'armée française ; on le lui refusa ; mais, au 4 septembre, il fut appelé aux difficiles fonctions de ministre de la guerre, puis replacé dans l'armée avec le grade de général de division (2 décembre 1870). Il travailla activement à l'armement de l'armée et de la garde nationale. Après la capitulation de Paris, les électeurs du Finistère l'envoyèrent à l'Assemblée nationale ; il fut maintenu au ministère de la guerre par M. Thiers, qu'il seconda de tout son pouvoir pendant le second siège. De 1871 à 1879, il fut ambassadeur à Saint-Pétersbourg. Il est mort à son château de Néchoat, près de Morlaix, le 16 novembre 1887. Il était grand officier de la Légion d'honneur.

III. — ÉCRIVAINS

MOREAU (Le chanoine). — Moreau était chanoine à Quimper ; mais on ignore le lieu de sa naissance. Il mourut le 23 juin 1617. Il a laissé une *Histoire de la Ligue en Basse-Bretagne*. Le chanoine Moreau est très zélé pour les Liguers ; « mais on trouve dans son ouvrage des particularités intéressantes qu'on chercherait inutilement ailleurs. »

ANDRÉ (Yves-Marie). — André, connu sous le nom de *Père-André* ou plutôt de *Petit-Père André*, naquit à Châteaulin le 22 mai 1675, et mourut à Caen le 22 février 1764. Après de brillantes études classiques, il entra chez les Jésuites en décembre 1693. Il fit son noviciat à Paris, reçut les ordres en 1696 et alla professer la rhétorique au collège d'Alençon. Il fut successivement professeur de philosophie ou de mathématiques à Amiens, à Arras et à Caen. Il professa trente-neuf ans dans cette dernière ville.

Le père André se rendit célèbre, dès son début, par son *Essai sur le Beau*, livre remarquable par son style, par sa douce et profonde philosophie, et dans lequel l'auteur se montre « l'interprète de la nature et des muses. » De l'aveu de ses contemporains, le Père André fut l'un des hommes les plus spirituels de son époque.

BOUGEANT (Guillaume-Hyacinthe, dit le Père). — Bougeant, né à Quimper le 4 novembre 1690, mort le 7 janvier 1743, entra chez les Jésuites et professa les humanités au collège Louis-le-Grand. Ce fut un littérateur spirituel et élégant. On lui doit : *Histoire des guerres et des négociations qui précédèrent le traité de Westphalie* (1727), et *Histoire du traité de Westphalie* (1744), ouvrages estimés. On a aussi de lui trois comédies en prose, dirigées contre les Jansénistes : *La femme docteur, ou la Théologie en Quenouille* (1730); *Le Saint déniché, ou la Banqueroute des miracles* (1732); *Les Quakers français, ou les nouveaux Trembleurs* (1732). En 1735 il publia *Le voyage merveilleux du prince Fanférédin dans la Romancie*. Mais ce qui fit surtout parler de lui, ce furent ses *Amusements philosophiques sur le langage des bêtes* (1739). Cet ouvrage fut traduit en Allemagne et en Angleterre ; mais, bien qu'il ne fût qu'un agréable badinage, il fut attaqué vivement par les amis de l'auteur, et lui valut d'être enfermé quelque temps à La Flèche, dans une maison de son ordre.

AFFICHARD (Thomas l'). — Auteur dramatique et romancier, né à Pont-Floch (diocèse de Léon), le 22 juillet 1698, mort le 20 août 1753 à Paris. Il collabora, avec plusieurs auteurs, à diverses pièces. Il travailla seul pour les marionnettes. Son théâtre « contient un grand nombre de pièces, dont plusieurs eurent un grand succès. » *Les acteurs déplacés* eurent surtout beaucoup de vogue. Cependant, la faiblesse et les négligences de ses pièces justifient cet épigramme du temps :

> Quand l'afficheur afficha l'Affichard,
> L'afficheur afficha le poète sans art.

Ses romans n'ont pas mieux soutenu sa réputation. Nous citerons parmi ces derniers : *Le voyage interrompu* (1737); *Les caprices romanesques* (1745).

MURAT (Henriette-Julie de **CASTELNEAU**, comtesse de). — La comtesse de Murat, née à Brest en 1670, morte le 24 septembre 1716, petite-fille du maréchal de Castelneau, épousa, à l'âge de seize ans, le comte de Murat, brigadier des armées. Madame de Maintenon la fit exiler de la cour à cause, dit-on, d'un libelle qui lui fut attribué. Elle fut rappelée par le Régent. Ses écrits, presque oubliés aujourd'hui, lui ont donné, de son vivant, une certaine réputation. Ses pièces de vers « ont de la grâce et du naturel, ses contes marquent un esprit délicat et ses romans un goût épuré. » Parmi ces écrits, nous citerons : *Mémoires de ma vie* (1697); *Nouveaux contes de Fées* (1698); *les Lutins du château de Kernosy* (1710).

ROYOU (Jacques-Corentin). — Littérateur français, frère de l'abbé Royou, né comme lui à Quimper et mort à Paris en 1828. Il collabora avec son frère aîné à plusieurs journaux royalistes, notamment à l'*Ami du Roi*, qui fut supprimé le 4 mai 1792. Déporté à l'île de Ré au 18 fructidor, il plaida au barreau de Paris, sous l'Empire, et devint censeur dramatique sous la Restauration. On a de lui d'utiles résumés historiques : *Histoire ancienne, Histoire romaine, Histoire du Bas-Empire, Histoire de France.* Il est aussi l'auteur du *Frondeur*, comédie en un acte (1819), de deux tragédies : *Phocion* (1817), *La mort de César* (1825). Si la première eut quelque succès, les deux tragédies essuyèrent un échec complet.

FRÉRON (Elie-Catherine) — Fréron naquit à Quimper, le 20 janvier 1718; il est mort à Paris, le 10 mars 1776. Après avoir fait de bonnes études chez les Jésuites, il professa au collège Louis-le-Grand et le quitta à 21 ans. Il se lia avec l'abbé Desfontaines, qui l'admit dans la rédaction des *Observations sur les écrits modernes*. En 1746, il fit paraître un petit journal bi-mensuel intitulé : *Lettres à madame la comtesse de ***; mais ce recueil fut supprimé en 1749. Il le remplaça par *Lettres sur quelques écrits de ce temps*. En 1754, Fréron fonda l'*Année littéraire*, dont le privilège fut continué à son fils, qui le garda jusqu'en 1790. Cette revue comprend 290 volumes in-12. C'est surtout à ce dernier journal que Fréron doit sa réputation. Il s'y montrait admirateur passionné du siècle de Louis XIV et critiquait la littérature contemporaine en s'appuyant sur les modèles du xviie siècle; il y combattait également les nouvelles doctrines philosophiques. Sa polémique lui attira des haines profondes; sa feuille fut suspendue à plusieurs reprises et lui-même fut enfermé tantôt à la Bastille, tantôt au Fort-Lévêque; mais il se tirait toujours d'affaire, grâce à la protection de la reine Marie Leczinska et de son père Stanislas.

Fréron mourut d'une goutte remontée en apprenant que le garde des sceaux avait ordonné de nouveau la suppression de sa *Revue*.

Fréron s'attaqua surtout à Voltaire qui, exaspéré, le poursuivit avec une passion qui ne connut pas de bornes. De toutes ses épigrammes en prose et en vers celle-ci est peut-être la mieux aiguisée ;

> Un jour, loin du sacré vallon,
> Un serpent mordit Jean Fréron ;
> Savez-vous ce qu'il arriva ?
> Ce fut le serpent qui creva.

« Fréron était un critique froid, sec et minutieux. » On dit de lui qu'il « eut plus d'esprit que de science »; il excellait dans l'ironie. Son style, bien que souvent incorrect, est vif et spirituel, et l'on ne peut que regretter que ce critique soit trop oublié aujourd'hui. On a encore de lui : *Histoire de Marie Stuart; Ode sur la bataille de Fontenoy; Histoire de l'Empire d'Allemagne*, etc.

DURAS (Claire de **KERSAINT**, duchesse de). — Madame la duchesse de Duras est née à Brest en 1778. Son père, le comte de Kersaint, mourut sur l'échafaud en 1793. Sa femme et sa fille partirent alors pour l'Amérique, passèrent ensuite à Londres, où mademoiselle de Kersaint épousa le duc de Duras. Ils revinrent en France sous le Consulat et, jusqu'à la fin de l'Empire, habitèrent la Touraine. Sous Louis XVIII, le duc de Duras recouvra sa charge de premier gentilhomme de la Chambre et fut fait pair de France. Dans le salon de madame de Duras se trouvaient alors réunis Chateaubriand, Talleyrand, Cuvier, Humboldt, de Barante, etc. En 1823, elle écrivit le roman *Ourika*, qui fut suivi d'*Édouard* (1825). Le style de madame de Duras « est né naturel et achevé; simple, rapide, réservé pourtant. » Elle est morte en 1869.

BARCHOU de **PENHOEN** (Auguste-Théodore-Hilaire, baron de). — Né à Morlaix en 1801, mort en 1855. Il fut capitaine au corps royal d'état-major, membre libre de l'Académie des Inscriptions et Belles-Lettres. Le département du Finistère l'envoya à l'Assemblée législative en 1849. Parmi ses écrits, nous citerons : *Souvenir de l'expédition d'Afrique* (1832); *Mémoires d'un officier d'état-major sur la guerre d'Alger* (1835); *Guillaume d'Orange et Louis-Philippe* (1835); *Essai d'une philosophie de l'Histoire* (1854), etc.

CARNÉ (Louis-Marcein, comte de). — Le comte de Carné est né à Quimper le 17 février 1804, d'une famille noble de Bretagne. Après être entré, en 1825, dans les bureaux du ministère des affaires étrangères, il passa dans la carrière diplomatique en qualité d'attaché et de secrétaire d'ambassade. En 1830, s'étant rallié au gouvernement de Louis-Philippe, il conserva ses fonctions, reçut la croix de la Légion d'honneur le 30 juin 1837. Il fut élu député en 1839, suivit la ligne politique de Lamartine, qui défendait alors M. Molé, et, en 1840, lorsque l'autorité passa aux mains de M. Guizot, il se rapprocha de l'opposition et repoussa l'indemnité Pritchard. En 1847, il accepta, au ministère des affaires étrangères, la place de chef de la direction commerciale. Après la révolution de février 1848, il ne reparut plus dans les assemblées politiques, et ne garda que les fonctions de conseiller général du Finistère. Il avait été élu en 1833 pour le canton de Plogastel-Saint-Germain. Aux élections législatives de mai 1869, il échoua dans la première circonscription.

M. de Carné ne fut pas seulement un homme politique; ce fut aussi un érudit, un littérateur. Outre ses articles dans les revues et autres journaux, on a de lui : *Vues sur l'histoire contemporaine* (1833); *Des intérêts en Europe depuis la Révolution de 1830* (1838); *Études sur l'histoire du Gouvernement représentatif en France de 1789 à 1848* (1855); *Un drame sous la Terreur* (1856); *Les États de Bretagne et l'administration de cette province jusqu'en 1789* (1868); *Souvenirs de ma jeunesse au temps de la Restauration* (1872), etc., etc.

Le 23 avril 1863, M. de Carné fut élu membre de l'Académie française, en remplacement de M. Biot. Il est mort à Quimper le 12 février 1876.

SOUVESTRE (Emile) — Souvestre naquit à Morlaix le 15 avril 1806, d'une famille de marins bretons. Il céda de bonne heure à une vocation littéraire, et quelques articles qu'il publia dans les *Revues* des départements de l'Ouest le firent remarquer. Il fut quelque temps professeur au collège Armoricain de Nantes, alla ensuite à Brest, où il dirigea le journal le *Finistère*, professa la rhétorique au collège, occupa ensuite la même chaire à Mulhouse, et revint à Paris en 1836, où il ne s'occupa que de littérature. Ses écrits « se distinguent surtout par l'enseignement moral. Ce fut son but constant et un besoin de sa nature. » Il aimait beaucoup la Bretagne, et, déjà, au collège de Pontivy, où il étudiait, il négligeait parfois ses livres classiques pour des croquis de mœurs bretonnes; aussi s'inspira-t-il beaucoup, dans ses romans, des légendes ou de l'histoire de sa province. Outre bien d'autres ouvrages, on a de lui une nouvelle édition du *Finistère en 1794*, de Cambry, et le *Finistère en 1836*; *Riche et Pauvre* (1836), *l'Homme et l'Ar-*

gent; le *Foyer Breton* (1844), recueil fidèle et vivant des légendes et des superstitions de la Bretagne; *Un philosophe sur les Toits*, auquel, sur la proposition de Victor-Hugo, l'Académie française décerna un de ses prix pour les ouvrages utiles aux mœurs (1851). Mais, selon son biographe, son chef-d'œuvre est son ouvrage *les Derniers Bretons* (1835-1837), en quatre volumes, « premier portrait en pied digne de la Bretagne ». Souvestre mourut à Montmorency, d'une maladie de cœur, le 8 juillet 1854.

Madame Souvestre, née Nanine Papot, s'appliqua, après la mort de son mari, à poursuivre selon ses moyens l'œuvre « de moralisation et de pacification sociale qu'il avait entrepris par la plume, c'est-à-dire à aider et consoler les pauvres, les petits, tous ceux qui souffrent » ; elle travailla surtout, avec madame Elisa-Lemonnier et madame Jules Simon, à la création d'écoles professionnelles pour les jeunes filles. Elle est morte à Quimper, où elle venait chaque année passer l'hiver, chez sa fille et son gendre, M. Alfred Beau, le 17 novembre 1886. Elle a laissé quelques romans : *Antonio Giovanni* (1836); *Un premier Mensonge* (1844), etc.

IV. — SAVANTS ET ÉRUDITS

ALBERT-LE-GRAND. — Il est né à Morlaix. On lui doit *la Vie des Saints de la Bretagne Armorique*, « chef-d'œuvre de naïveté et de recherches. » Il y raconte la tradition populaire ou la légende, sans discussion, sans observations. On y trouve mille détails sur les mœurs, les institutions, les costumes, et il n'est peut-être pas « un seul ouvrage plus propre à faire connaître la vie intérieure et les mœurs de la Bretagne. » La première édition de la *Vie des Saints* est de 1637 (Nantes).

HARDOUIN (Jean). — Hardouin (le Père Jean) naquit à Quimper en 1646; il est mort le 3 septembre 1729. Membre de la Société de Jésus, il enseigna quelque temps la rhétorique et devint ensuite bibliothécaire du collège Louis-le-Grand. Il avait des connaissances très étendues, un esprit pénétrant; « mais il a laissé surtout, et à juste titre, la réputation d'un savant systématique, bizarre, éminemment paradoxal. » Il n'accordait aucune foi aux médailles anciennes et il prétendait qu'elles étaient un produit du moyen âge; il prétendait aussi, qu'à l'exception de Cicéron, de Pline l'Ancien, des *Géorgiques* de Virgile et des *Épîtres* d'Horace, tous les ouvrages anciens étaient l'œuvre des moines du xiii° siècle. Forcé par ses supérieurs de se rétracter, il le fit sans changer d'opinion. Nous citerons principalement de lui une excellente édition de Pline l'Ancien et une *Collection des Conciles*, que le clergé de France, malgré ses singulières opinions et à cause de sa prodigieuse érudition, le chargea de publier.

DOM MORICE. (Pierre-Hyacinthe). — Dom Morice est né à Quimperlé le 25 octobre 1693; il entra dans la congrégation de Saint-Maur, à Rennes. On a de lui: *Mémoires pour servir de preuves à l'histoire ecclésiastique de Bretagne*, 3 vol.; *histoire ecclésiastique et civile du même duché*, deux volumes, dont le second ne fut publié qu'après sa mort. Les recherches prodigieuses auxquelles le forcèrent ces travaux gigantesques le tuèrent. Il mourut à cinquante-sept ans.

SANÉ (Jacques-Noel, baron). — Né à Brest en 1740, mort en 1831, le baron Sané fut un illustre ingénieur de constructions navales et surnommé le *Vauban de la Marine*. Appelé à diriger le port de Brest en 1793, il devint inspecteur-général du génie maritime en 1800 et entra à l'Académie des sciences. La France lui doit la transformation de ses bâtiments de guerre; il eut la gloire de créer plusieurs types, « supérieurs à tout ce que l'on avait fait avant lui sous le rapport de la marche et de la facilité de la manœuvre. » Cette supériorité fut même reconnue des nations étrangères, qui adoptèrent les modèles de notre compatriote.

ROCHON (Alexis-Marie). — Rochon, né à Brest le 21 février 1741, mort à Paris le 5 avril 1817, fut d'abord destiné à l'état ecclésiastique; mais sa passion pour les sciences et les voyages l'empêcha de prendre les ordres. En 1765, il était nommé bibliothécaire de l'Académie royale de marine de Brest et astronome de la marine en 1766. C'est en cette qualité qu'il fit un voyage en Afrique pour y déterminer différents points de longitude ; qu'en 1768, il alla reconnaître les îles et les écueils qui se trouvent entre l'Inde et les îles de France et de Bourbon. Ce sont les « savantes observations de Rochon qui donnèrent au bailly de Suffren la hardiesse de suivre, à *contre-mousson*, une route directe pour se rendre, en 1781, dans les mers de l'Inde, où, de son aveu, la promptitude de son arrivée décida le succès de cette immortelle campagne ». Rochon fut reçu en 1771 à l'Académie des sciences et partit avec le capitaine de Kerguélen à la recherche des Terres-Australes. En 1774, il fut nommé conservateur du cabinet d'astronomie du roi, à la Muette ; en 1787, astronome-opticien de la marine, puis commissaire général des monnaies. A la Révolution, il perdit tous ses emplois, se retira dans sa ville natale, où il se livra à d'utiles travaux, et « où ses services, sa bienfaisance et ses vertus lui acquirent l'estime de ses concitoyens ». Parmi ses travaux, nous citerons : Fabrication des lunettes nécessaires à la marine ; emploi du platine dans les miroirs des télescopes et autres instruments nautiques ; ses études sur la double réfraction dans le cristal de roche l'avaient conduit à la découverte du micromètre à double image ou lunettes de Rochon. On a de lui quelques opuscules concernant ses études et découvertes, etc. Rochon entra à l'Institut en 1795, fut membre de la Légion d'honneur, se fixa de nouveau à Paris, où, dans un âge avancé, il s'occupait encore de travaux importants.

LE GONIDEC (Jean-François). — Le Gonidec, né au Conquet en 1775, est mort en 1838. On lui doit des travaux importants sur la langue et la littérature de la Basse-Bretagne ; il contribua à la formation de l'Académie celtique. On l'a surnommé *le Restaurateur de la langue bretonne*. Il publia : *Grammaire celto-bretonne*; *Dictionnaire celto-breton*.

LAENNEC (René-Théophile-Hyacinthe). — Laënnec naquit à Quimper le 17 février 1781. Fils d'un avocat au Parlement de Bretagne, il reçut une bonne éducation littéraire et étudia la médecine sous son oncle, médecin distingué de Nantes. Il se rendit à Paris en 1800, et, en 1802, on lui décernait, en séance solennelle de l'Institut, les deux grands prix de médecine et de chirurgie de l'école pratique. Il devint médecin de l'hôpital Necker, de la duchesse de Berry, en 1822, professeur au Collège de France, et, en 1823, professeur de clinique médicale à la Faculté de Paris. Son plus beau titre de gloire est la découverte de l'auscultation. Il employa d'abord à l'auscultation un rouleau de papier fortement ficelé ; plus tard, il tourna de sa main un instrument auquel il donna successivement les noms de *pectoriloque* et de *stéthoscope*. Cette dernière dénomination est restée. Laënnec passa plusieurs années à éprouver le nouveau procédé, à le perfectionner, et enfin, en 1819, il publia le *Traité de l'Auscultation médiate appliquée aux maladies des poumons et du cœur*. Ses nombreux travaux épuisèrent sa santé. Il fut obligé de quitter tous ses emplois et se retira en Bretagne, à Kerlouarnec, en Ploaré, où il mourut le 13 août 1826. Il était chevalier de la Légion d'honneur, membre titulaire de l'Académie de médecine, membre associé de plusieurs sociétés savantes, nationales et étrangères. La ville de Quimper lui a élevé une statue.

DU CHATELLIER (Armand-René). — Du Châtellier est né à Quimper, le 17 avril 1797. « Il s'est occupé tour à tour de questions d'histoire, d'économie politique et d'archéologie. » Il était depuis longtemps correspondant du ministère de l'Instruction publique, lorsqu'il devint, en 1858, correspondant de l'Académie des sciences morales et politiques. Parmi ses ouvrages, nous citerons les suivants concernant la Bretagne : *Histoire de la Révolution dans les départements de l'ancienne Bretagne* (1836) ; *du Pays de Galles et de quelques-unes des origines de notre histoire* (1839) ; *Brest et le Finistère sous la Terreur* (1858) ; *l'Agriculture et les classes agricoles de la Bretagne* (1862) ; *Hoche, sa vie, sa correspondance* (1874) ; *La Baronnie du Pont* (Pont-l'Abbé) (1858), etc. Il est décédé au château de Kernuz, commune de Pont-l'Abbé, le 27 avril 1885.

LEVOT (Prosper-Jean). — Levot est né à Brest, le 14 décembre 1801. Il donna d'abord des leçons particuhères dans sa ville natale, et, en 1831, il devint conservateur de la bibliothèque du port. C'est en cette qualité qu'il fut appelé à Paris, pour la publication du catalogue des bibliothèques du département de la marine. Fondateur de la société académique de Brest, membre de plusieurs sociétés savantes, Levot reçut la croix de la Légion d'honneur le 12 juin 1856. Il mourut à Brest le 4 février 1878. Parmi ses ouvrages nous citerons : *Essais de Biographies maritimes* (1847); *Biographie bretonne* (Nantes, 1852, 2 vol.), ouvrage couronné par la Société académique de Nantes ; *Histoire de la Ville et du Port de Brest* (1864) ; etc.

V. — PERSONNAGES DIVERS

OZANNE (Nicolas-Marie).— Ozanne naquit à Brest, le 12 janvier 1728. Dès l'âge le plus tendre, il aimait à tracer des figures sur les murs de la maison de son père avec les charbons qui lui tombaient sous la main. Ses parents secondèrent son penchant et lui donnèrent un professeur, M. Roblin, auquel il succéda en 1750. L'année suivante, il fut appelé à Paris pour dessiner les vaisseaux dans les planches représentant les vues du Hâvre, faites à l'occasion du voyage de Louis XV dans ce port en 1749. Il revint ensuite à Brest et retourna à Paris en 1754. Dix-huit mois après, il revint de nouveau à Brest, mais à peine arrivé, il reçut l'ordre de se rendre à Toulon pour y exécuter des dessins relatifs à l'escadre de M. de la Galissonnière, escadre destinée à l'expédition de Minorque (1756). Il fut récompensé de ses travaux par le brevet de dessinateur de la marine. Il fut choisi pour enseigner aux enfants de France, (Louis XVI et ses frères), la construction des vaisseaux, les manœuvres et la tactique navales (1769). « Son profond savoir l'avait rendu un des hommes des plus intéressants à entendre sur l'art de la navigation. » — « Ses dessins offrent, en général, des productions exécutées avec facilité. » Il a gravé, d'après ses propres dessins, près de trois cents planches à l'eau forte. On distingue surtout le *Traité de la marine militaire*, ouvrage dédié à Choiseul (1762), qui contient cinquante planches représentant les vaisseaux de guerre, les manœuvres concernant les combats, l'attaque et la défense des ports. Ozanne mourut à Paris en 1811.

OZANNE (Pierre). — Frère du précédent, il est né à Brest le 3 décembre 1737. Sous-ingénieur-constructeur de la marine en 1778, il fut fait ingénieur dix ans plus tard, après ses deux campagnes sous le comte d'Estaing, et sous M. de Puységur. En 1801, il obtint le brevet de capitaine, reçut sa retraite le 27 janvier 1811 et mourut à Brest le 10 février 1813. Il excellait dans l'art de la construction des vaisseaux. On cite surtout avec éloge sa corvette la *Diligente*, construite en l'an X, et dont les formes furent établies sur celles du poisson le maquereau. Expédiée aux colonies, elle ne mit que seize jours pour arriver à la Dominique, chose extraordinaire en ces temps. Ozanne était aussi un dessinateur habile ; il a dessiné et gravé avec son frère et ses sœurs, Jeanne-Françoise Ozanne et Marie-Jeanne Ozanne, élèves, comme lui, de leur frère aîné : *Vues des principaux ports et rades de France et des Colonies*, « collection qui se distingue par une grande vérité dans le rendu. »

ROYOU (l'abbé). — L'abbé Royou est né à Quimper, dans le dix-huitième siècle. Il collabora à l'*Année littéraire* de Fréron. A l'origine de la Révolution, il rédigea l'*Ami du Roi*. Il fut un « défenseur obstiné de l'ancien ordre de choses, plus mordant que spirituel, plus audacieux qu'original ». Il prit à tâche de verser le ridicule sur l'Assemblée Constituante et il se rendit odieux par ses critiques virulentes. Dénoncé pour ses opinions, il parvint à se cacher et mourut dans sa retraite le 21 juin 1792.

NOBLETZ (Michel Le). — Apôtre de la Basse-Bretagne, il est né en 1577 au château de Kerodern, en Plouguerneau. « Son père, Hervé Le Nobletz, était l'un des quatre notaires publics de tout le pays de Léon, dans un temps où il n'y avait que les nobles qui pussent exercer ces charges, non plus que celles de judicature. » Après avoir fait ses études à Bordeaux et à Agen, dans le collège des Jésuites, il alla à Paris où il étudia l'hébreu et où il reçut la prêtrise. De retour en

Bretagne, il entreprit des missions dans le diocèse de Léon, et commença par les îles d'Ouessant, de Molène et de Batz, dont les habitants croupissaient dans une ignorance déplorable. Il alla jusqu'au cap Saint-Mathieu et s'arrêta vers la côte maritime de Douarnenez. Il mourut au Conquet le 5 mai 1654 et fut enterré à Lochrist. Il a écrit un *Journal* de ses missions et composé des *cantiques* en breton.

ROUJOUX (Prudence-Guillaume, baron de). — Roujoux, né à Landerneau le 6 juillet 1779, mourut à Paris le 7 octobre 1836. Élève de l'École polytechnique, il fut attaché, en 1800, à l'état-major du contre-amiral Lacrosse, gouverneur de la Guadeloupe. Il dressa la carte militaire de cette colonie. De retour en France en 1806, il entra dans l'administration, fut sous-préfet de Dôle, de Saint-Pol, préfet du Ter, en Catalogne, des Pyrénées-Orientales pendant les Cent-Jours, et rentra dans la vie privée à la Restauration. Il fut cependant encore un instant préfet du Lot après 1830. Roujoux fut aussi journaliste et littérateur. On a de lui : *Le Journal général de France*, qu'il fonda (1816); *Histoire des Rois et des Ducs de Bretagne* (1828-29); etc.

LACROSSE (Bertrand-Théobald-Joseph, baron de). — Lacrosse, fils du contre-amiral de ce nom (voir Géographie-Atlas du Finistère, par MM. Nonus et Salaün, le vaisseau les *Droits de l'Homme*), naquit à Brest en 1796. Il entra d'abord dans la marine en 1811, puis, en 1813, passa dans la garde impériale et quitta le service en 1815, avec le grade de capitaine. Il fut député de Brest à partir de 1834, fit partie de l'Assemblée constituante de 1848, commanda les gardes nationales des départements aux journées de Juin, fut réélu à la Législative, et appelé par le prince Napoléon à la direction des travaux publics. Il entra au Sénat après le coup d'État du 2 décembre et mourut en 1865.

JUGELET (Jean-Marie-Auguste). — Fils d'un sous-commissaire de la marine, Jugelet est né à Brest en 1805. Élève du peintre Gudin (de Paris), il débuta au salon de 1831 « par une série de toiles et de dessins maritimes. » Depuis, il a exécuté, sur les bâtiments de l'État, de nombreux voyages et il « s'est fait un nom distingué dans la spécialité des vues de mer et des rades. » Nous citerons parmi les toiles qu'il a exposées : *Soleil levant en pleine mer; Baie de Dinan* (1831); *Environs de Brest* (1833) ; *Effet de Brouillard; Pont du Conquet* (1836); *Entrée du pont de Brest; Environs de Brest; Environs de Plougastel* (1869). Il fut nommé chevalier de la Légion d'honneur le 28 avril 1847. Il est mort à Rouen le 22 octobre 1874.

FIN

TABLE

DES PERSONNAGES REMARQUABLES DU DÉPARTEMENT DU FINISTÈRE

ÉMILE COLIN. — Imprimerie de Lagny

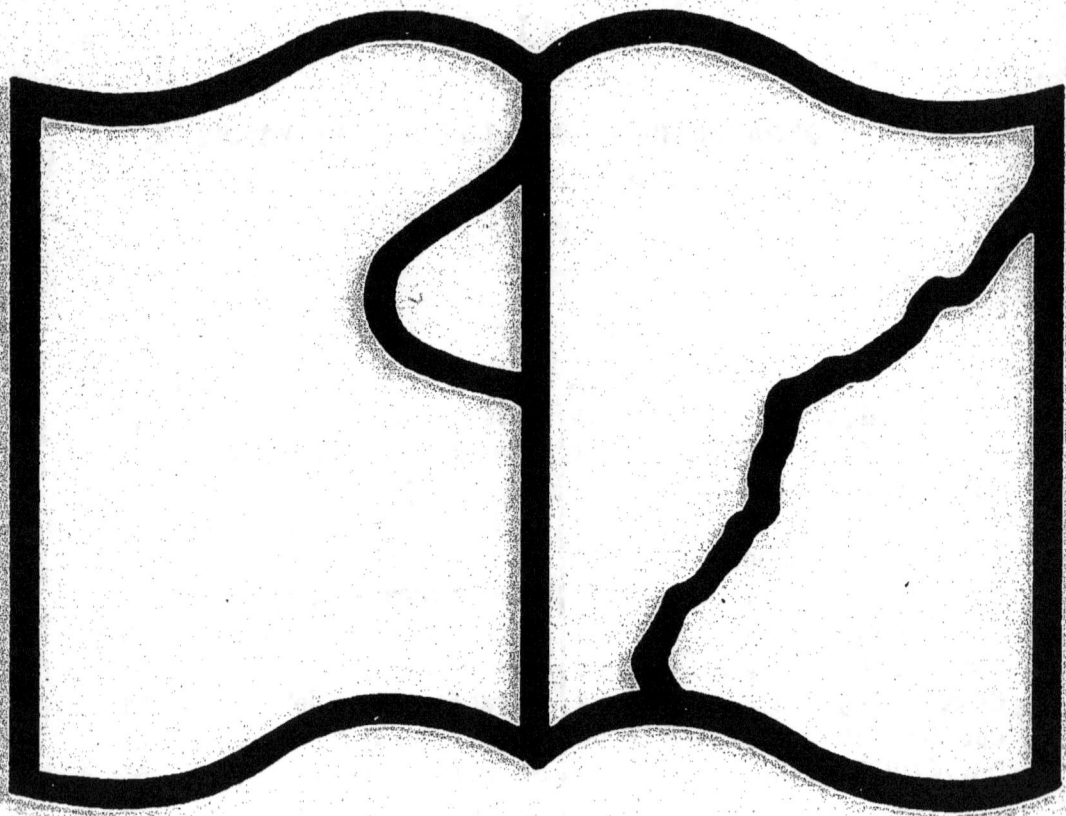

Texte détérioré — reliure défectueuse

NF Z 43-120-11